人工智能会计垂直模型研究

汪一凡　著

中国财经出版传媒集团
中国财政经济出版社
北京

图书在版编目（CIP）数据

人工智能会计垂直模型研究 / 汪一凡著. -- 北京：中国财政经济出版社，2024.3（2024.4重印）

ISBN 978-7-5223-2820-1

Ⅰ.①人… Ⅱ.①汪… Ⅲ.①人工智能－应用－会计学－研究 Ⅳ.①F232

中国国家版本馆 CIP 数据核字（2024）第 040856 号

责任编辑：王 飏　　　　责任印制：张 健

责任校对：张 凡

人工智能会计垂直模型研究

RENGONG ZHINENG KUAIJI CHUIZHI MOXING YANJIU

中国财政经济出版社 出版

URL：http：//www.cfeph.cn

E-mail：cfeph@cfeph.cn

社址：北京市海淀区阜成路甲 28 号 邮政编码：100142

营销中心电话：010-88191522

天猫网店：中国财政经济出版社旗舰店

网址：https：//zgczjjcbs.tmall.com

北京密兴印刷有限公司印刷 各地新华书店经销

成品尺寸：165mm×230mm 16 开 13.5 印张 140 000 字

2024 年 3 月第 1 版 2024 年 4 月北京第 2 次印刷

定价：50.00 元

ISBN 978-7-5223-2820-1

（图书出现印装问题，本社负责调换，电话：010-88190548）

本社图书质量投诉电话：010-88190744

打击盗版举报热线：010-88191661 QQ：2242791300

预测未来的最好方式是去创造它

The best way to predict the future is to create it.

——Peter Drucker

最好的纪念是传承　最好的传承是弘扬

——孙宝厚　汪一凡

CONTENTS | 目录

第1章　总　　论

1.1　研究缘起

笔者介入人工智能会计的研究开发，纯属“歪打正着”。很早以前，就想要研究“计算机下围棋”，感到这是个很有挑战性的课题，因为每一步都是岔路口，都要对当前盘面上的所有可落子处逐一计算比较，作出选择；而下一步又是岔路口，又要作出选择；……所谓“歧路之中又有歧焉”，如此这般没完没了地发散，在当时的硬件环境下，再高的运算速度、再大的存储空间也不够用。也因此看了些人工智能的书，长时期地琢磨这问题，觉得只有设法让计算机模拟人类的简明思维方式，才是正解。大致的想法是：

确立“每次只考虑一手棋”的原则。面对当前盘面，设想有个“主控程序”总负责，统一调度各种目标较为专业的小模块，有“分析被攻击风险的”（如“对方的上一手是否有直接威胁”）、有“管理局部作战技巧的”（如“有什么应对手法”），也有“着眼局势判断的”（如“目前应当保守还是激进”），等等，这些小模块针对当前盘面“各司其职”地运行后，主控程序综合所有小模块的结论，选定在当前盘面中“价值”最大的落子点。至于“价值”，则可以沿用围棋术语中的“气”，它决定了一块棋的“死活”和“大小”，是可资计量比较的统一目标。

有了基本方向后，却苦于“为稻粱谋”，一直没有大段时间来开始。2007 年，我在《新理财》杂志开设中国近现代会计史专栏《计学夜话》，在专栏“缘起”里有关于为什么去作近现代会计史研究的一段话，可以作为这个经历的佐证：

> 原想启动心中最爱的“计算机下围棋”研究，考虑到捧着厦门大学会计系的饭碗，不务正业，成何体统！……

近年来，“人工智能”领域爆发了质的变化和飞跃，“阿尔法狗”轻松击败人类顶尖棋手的事实，确实相当震撼。既然是自己的“计算机下围棋”已经梦碎，出于职业习惯，使我转而思考“会计 AI 化”的可能性。

从事会计工作本来就不需要围棋国手那么高的智商，会计核算过程也没有围棋那么高的复杂性，试着把上述“主控程序”的想法移植过来后，我发现，就会计工作而言，针对企业内部实际发生的“业务小数据”，模拟人类的简明思维方式，有个“主控程序”来调兵遣将，不同的情况下直接“教化”计算机作出不同反映，是有可能自动完成“记账算账报账”工作的，不但审计线索清晰，而且节能环保，不像“阿尔法狗”那样要耗掉一个小城市的用电量。

1.2 AI会计的基本结构

笔者所设想的人工智能会计，大致可以归纳为“主控程序+人工示教/计算机再现”的结构。

对于“主控程序”，不妨这般理解：假设一个人自始至终都是自己“记账算账出报表”，先做什么，后做什么，显然需要有明确的先后顺序。例如，就新办企业而言，记账的第一笔业务肯定是“实收资本到账”，还没有钱就去采购原材料，银行存款出现红字是错的；原材料还未购进就投入生产，库存出现红字也是错的；……这是一个预定的流程。那么设想把这整个流程交给计算机去管理，让它确保记账时不会次序颠倒，也不会该做的没做，不该做的又做了，这就是“主控程序”的作用，整个核算过程都是由计算机来管理的，计算机占据主导地位。

至于“人工示教/计算机再现”，这是早期的“机器学习”方式。会计准则和企业要求是最基本的记账规则，如果所有该做的事，事先都为计算机“设置”好了做事方法，相当于“人工示教”过了，那么计算机在具体的条件下，只要“依葫芦画瓢”，就可以完美地再现整个核算过程。在一个企业的范围内，

“记账算账出报表”的工作类别总是有限的，预先进行“人工示教”并不会有问题，即使以后出现新业务了，那也不过是记账前再增加点新的“设置”工作而已。

根据“图灵测试”的标准，只要计算机也能“思考判断”后自动地编制记账凭证，形成账簿，编制财务报表等，做出和会计一样（甚至更好）的账，就算得上它具有“人工智能”，叫“人工智能会计”也就顺理成章了。用大白话说就是，别管计算机实际上是怎么做到的，只要看起来它也和人一样，好像是通过“思考”做出账来的，就可以说它有“人工智能”了。笔者必须坦率地承认，这里既没有“黑科技”含量，也无关“大数据”和“深度学习”，只是一个老会计想让计算机直接模拟人类做账的理想，用的是早期的人工智能研究的思路，所以是很 Low 的。不过，用在会计领域不但能解决问题，还避免了向计算机投喂“大数据”并等待它“无师自通”的巨额成本，性价比挺高的。

1.3 AI 会计如何编制记账凭证

这可能是人们最感兴趣的话题，需要尽早总括介绍，以飨读者。

根据笔者的设想，AI 如何编制记账凭证，是取决于相关业务数据之有无的。有什么样的原始凭证组合，就编制什么样的记账凭证。为了回避谈论技术问题，模仿教材的一般做法，以下几例业务的会计分录，省略了明细账户、数量、金额等细节，仅写出一级账户，供读者理解AI会计如何工作之用。

以企业购进物料为例，严谨的采购方式是，供应方开出增值税发票，采购方据发票付款，并据发票数量验收进仓，进仓单上标明税票号码，这样就可以一票票地随时结清。这是最应推荐的流程，此外还有各种不同的原始凭证组合。为此，计算机需要分别检索增值税购货发票、物料进仓单和付款结算凭证等，把相关的电子数据匹配存储，形成AI会计的“数据仓库”，为编制记账凭证做好数据准备。

最理想的原始凭证组合是，物料进仓单、增值税购货发票和银行付款回单都齐全了：

原材料

应交税费

　银行存款

物料进仓单、增值税购货发票都有了，月末还未付款：

原材料

应交税费

　应付账款

物料进仓单、增值税购货发票都有了，开出应付票据：

原材料

应交税费

　应付票据

与供应商约定货款“三月一结”，所以只有物料进仓单，月末尚未取得发票，也尚未付款，不过价格已经由采购协议确定了，还是能据此编制会计分录的，此时还未涉税，只登记采购净价：

原材料

  应付账款

有增值税购货发票和银行付款回单，物料尚未进仓：

在途物资

应交税费

  银行存款

物料进仓单、增值税购货发票都有了，以应收票据抵付，用银行存款补足差额：

原材料

应交税费

  应收票据

  银行存款

……

总之，在不同原始凭证组合下，根据企业会计准则的要求，事先“设置”好具体的记账方式，让计算机据以“抄作业”。一两份记账凭证容易理解，全部记账凭证都要让计算机来编制，是怎么做到的？具体说起来不胜其烦，无非是让前述的“主控程序”来总管这事，在正确的时间做正确的事，AI会计就能像一个人自己做账一样，不断地“数据搬家”，编制出全部的记账凭证。然后大家都知道，有了记账凭证，会计账簿自不待言，资产负债表和利润表就能全自动产生，现金流量表的编制方法将在下文另行介绍。于是，在这个环节上，自始至终都是计算机在封闭式运行。

怎样判断计算机编制的记账凭证是正确的？可以设想给机器 1 年的数据，让它去“学着处理”。假设明年打算上“AI 化财务会计”，那就准备好今年全年的原始电子数据，让计算机先去学着处理。对于每一笔业务，要求在左边展现相关原始凭证（若有的话），右边展现对应的记账凭证，根据这样明确的审计线索，便于审查账务处理是否正确，是否满足企业要求。这实际上是“机器学习”的过程，也是“个性化定制”的过程，一旦全部“考核过关”，明年就可以放心地开始由人工智能替代会计人“记账算账”了。当然，这里说的是“用 1 年的数据”，而不是说要“用 1 年时间”，AI 会计实际处理速度是很快的。

1.4　区分“财务”与“会计”

说到人工智能会计，有必要先强调“财务”与“会计”的区别。在财务部门中同时进行着“财务”与“会计”这样的两类工作。所谓“财务”，是实际的货币资金收付，以及与此相关的审批、筹划、融资等工作，它属于前台业务。所谓

“会计”，则是以复式簿记方法对前台业务所作的系统记录，属于后台业务。人们常说“业财融合”，这里的“业务”其实就是“财务”以外的前台业务，既然“业务”与“财务”同为前台业务，当然要打通了、理顺了才能高效运行，“业财融合”是有道理的。“会计”作为后台业务，只是一种被动的记录行为，要从相对独立的角度同时监控“业务”和“财务”，做好“保护资产”的工作，才是正道。例如，“收到存货”属于“业”，“支付货款”属于“财”，而会计要在后台以“借：库存商品　贷：银行存款”同时记录。

尽管实务中有人可能同时处理两类业务（例如管报销的，在审核付款后立即编出记账凭证），从理论上还是有必要区分为“会计 AI 化”和“财务 AI 化”两大部分，分别说明其目标，才能方便地从技术上彻底对待。从这个角度看，不应当将两类工作混为一谈，让人误以为“会计”也是“财务”。所以有必要明确说明，我们在这里说的是“AI 会计”。

1.5 “会计 AI 化”与“会计电算化”

从 2018 年年初开始，作为理论思考的初步成果，我在《财会世界电子刊》发表五篇连载文章，名为《AI 会计的推进路线图》。在第一篇里，开宗明义地提出“AI 会计的两个百分之百”论点。

1. 原始凭证100%电子化

请注意，上述各种措施一旦“合围”，足以形成完整的全套“原始电子数据”时，人类会计的重大危机就正式到来！

当时并没有作调查，仅仅是强烈感觉到了“原始凭证电子数据化”的快速发展，并假设这个趋势已经成真，在这样的基础上开始后续的AI会计研究。所幸的是，仅仅过了一年多，预感就得到了初步证实。

2019年5月18日，大华股份副总裁魏美钟先生在中央财经大学作了《基于生态链的全球数字财务与人工智能》主题演讲，该演讲提及“其实今天在中国，所有企业会计的原始凭证都是机打的，再也没有手写了……那意味着，所有纸质上面的书面数据都是伴随有电子数据的。也就是说，我们的纸质数据来自系统里的电子数据！”据报道，2020年3月已开出第一份区块链发票，这也是原始凭证电子数据化发展的重要标志。

原始凭证已经100%是电子数据，从自动数据处理的角度看，可以说“第一只靴子”已经落地。

2. 会计核算100%人工智能化

在全套“原始电子数据”基础上，能够像人类会计一样自始至终地编制记账凭证，提供总账明细账，直到编制各类报表为止，达到100%人工智能化的，就是“AI会计”。

“世界围棋第一人”柯洁，那该是多高的智商！和“阿尔法狗”对弈失利后也只能躲到洗手间流眼泪。反观会计，让我们坚守至今的唯一屏障，不是我们智商够高，而是计算机的“模式识别”能力不行，看不懂发票数据，才需要我们来指定“借什么，贷什么，金额几何”。上文的第一个“百分之百”之所以重要，在于说明数据都是“计算机可读”的了，是一个重大历史转折点。

但为什么要强调“达到100%人工智能化”呢？当时只是直觉地认为，“打得过就打，打不过就跑”的设计算不上真本事，而只有建立了客观的评价标准，才有可能杜绝“鱼目混珠”。现在从理论上来总结这个“100%”的论点，却是“细思极恐”：100%人工智能化和略低的智能化程度（例如90%）之间，竟然真有如“云泥之别”！

在传统“会计电算化”领域里，应当说智能化程度还是不断地提高的，只不过总是达不到100%，计算机做它所能做的“记账算账”工作，其余部分则由人来完成。这种不完全替代的状态下，人类会计还是被要求掌握全部的“记账算账知识”，这是由“记账算账的后勤配套体系”来负责传承的，除了查账审计也属于“记账算账”（验证/纠偏）之外，“记账算账的后勤配套体系”包括院校教学、教材出版、学术刊物、职称考核、在职培训，等等，要求保持“五脏俱全”的成龙配套状态，“一个也不能少”。尽管行业总人数可能日益减少，那也只是人们活得“日益艰难”而已，并不代表发生了实质性的变化。

而一旦达到100%的分水岭，AI会计承受严格考核站住脚之后，计算机将要独占“记账算账出报表”工作，驱逐人类会计。相对而言，人类会计工作效率低下，容易出错，还需要企业“支付给职工以及为职工支付的现金”，以及办公工位费用等各种成本，完全不具备与AI会计对抗的竞争能力。这时“记账算账知识”的地位就很尴尬，对大多数人来说“学了也白学”，因为一辈子都不再用得上，更要提请注意的是，“记账算账的后勤配套体系”原来都是只服务于“人”的，如培养新人、在职提升知识等，如果前方都没人了，还要后勤何用？瞬间就失去了服务对象，所有要素都找不到存在的理由，所以，“100%的记账凭证都是由AI会计编制出来的”是随时可能落地的“第二只靴子”。

关于人工智能（Artificial Intelligence）的认识。应当强调的是，人工智能已经超越了传统的“人类主导，计算机辅助”发展阶段，在本质上，计算机要在各个领域里占据主导地位并排挤人类，无论工业机器人、无人驾驶还是阿尔法狗，等等，都不例外，“人机并行联动”是不可能的，只允许有一方为主导，另一方辅助，大致可以说是“AI过后，寸草不生”。

这是研究人工智能会计时特别需要注意的。所谓“智能”，就是“人工智能”，当人们想要说“智能会计”“智能财务”

或“财务机器人”时，就必须明确认可，运行时占据了主导地位的是计算机的人工智能（AI），自然人在这里只起到次要的辅助作用。如果全程由自然人主导，计算机只实现了局部的自动化，那就不宜号称“智能”，因为有“鱼目混珠”之嫌了。

“会计 AI 化”和“会计电算化”之间，有个明显的分界标志，就是“谁在主导整个会计核算过程”。“AI 会计”能自主地把控全程，不断地编制记账凭证，直到出报表为止，完成“记账算账出报表”的工作，仅在过程中留有“主办会计调账”的接口，以备需要时施加“人工示教”。而“会计电算化”则是全程由人把控，计算机所做的再怎么高级，都只是局部性的，还处于“计算机辅助”的层次。所以，这是两种完全不同的设计理念和技术路线，思想高度完全不一样，从传统的“会计电算化”是无法平稳地上升到“会计 AI 化”的。

1.6 “存量会计人口”向何处去

当财务会计不再“养人”时，该如何面对过多的“存量会计人口”？这是必须正视的问题。当会计人员已经从繁重的“记账算账出报表”活计中解脱出来，或者更直白地说“已经被驱离核算岗位”时，他们还能做什么，才可以让公司继续留用？或是得以“转型升级”到其他行当，继续衣食无忧？

也许有人会说，没有了“记账算账”，我们还能“用账”，为高层管理出谋划策啊！在企业所有职能部门中，因工作便利可以全面了解资源配置和经营成果详情的，本来只有会计，如果能利用好这个知情权，会计的地位应该是崇高且唯一的。这正是未来的努力方向，却绝不是当前就能唾手可得的。财务会计并不重视开发“财务分析”技能，自己早就放弃了这一优势，就连“杜邦指标体系”都还是一位销售工程师代劳提出来的。传统财务分析一向是“点到即止”，似乎从报表看出门道就可以鸣锣收工了，并不关注后续要如何下手改进。仅凭这样的“忽悠”，就能对公司提出建设性意见，作出实质性贡献吗？我的看法是毫无可能。不含现金流调度筹划这一类的财务工作在内，会计人员以现有的本事，就能靠“用账”存活的说法是不负责任的！

显然，对于“存量会计人口”问题，只有同时从两方面着手。

一方面，从“提前量”的角度看，会计专业的院校教育现在就应该停止招生，至少应该极大幅度地减少招生，以避免四年后学生“毕业即失业”，那就是给已经过于拥挤的会计就业市场“添堵”了。只是，这需要引起全社会的充分重视，并及时采取相关措施。

另一方面，是设法开拓出新的就业渠道，引导会计人员的知识结构转型升级，尽可能吸纳现有的“存量会计人口”。回想当年，汽车刚推出时，传说中马车夫们反应激烈，他们强势到甚至要求“汽车前要有马拉着才能上路”，可惜决策权不在他们手里，而在想换小汽车兜风的老板手里。时过境迁，这个行业已经烟消云散，只在偏远之地才能偶尔一见了。究其实，一辆汽车还不是也要有一个人来驾驶？可见当年马车夫们面对的还不是绝境，只是他们不能及时地“知识转型”而已，现在的“无人驾驶”才是真想让职业驾驶员无路可走。有鉴于此，在面对冲击的关头，我们需要深刻理解“人—机关系”，严肃探讨“在 AI 充分介入后，会计人员还能做什么”，这才是笔者所关注的重点。

考虑到“财务会计 AI 化”将使得财务会计不再养人，很自然地，我想到把管理会计作为“避险高地”，在 AI 洪峰到来时，让会计人员疏散过来，也许就可以继续过安稳日子了。这时候又发现，没这么简单，现代管理会计是远远没有发展成熟的会计分支。

对比起来，财务会计还有个“净利润”作为核心指标，有很明确的核算循环，有基本定型的财务报表。管理会计因为没账可算，“下雨天打孩子，闲着也是闲着”，总得找点事来做。于是推崇“最佳管理会计实践”之类的案例教学，就成了大热门。在“总裁班”上很常见的现象是，学员们听了各种成功案例后热血沸腾，以为自己也能成为世界级的管理巨头，冷静下来后才发现连门都没有。即使你完整详细地知道马云的成功全过程，也别指望能创立第二个阿里，因为原来的潜在需求已经明朗化并大致得到满足了，再次成功的环境已不复存在。我们不妨借牛顿的“苹果落地”来比较和理解。“苹果落地”就是一个可观察到的“案例”，只有从中引申出万有引力定律，能统一地预见和解释“香蕉落地”“梨子落地”等诸多类似现象，“以不变应万变”时，才是科学。反之，如果看到什么东西落地都有话可说，一直停留在“案例”上，那无论如何还是提炼得不够，总是处于理论的低层次上，从这里也可以发现社会科学和自然科学之间的差距。笔者对“案例教学”的评价一向不高，尽管这是哈佛商学院的看家本领。

没账可算也意味着没有核心的关注点，所以只好“创造价值，提升价值”地空谈。在财务会计那里，“净利润是个筐，什么都能往里装”，在管理会计这里，很不幸的，“价值是个筐，什么都可以往里装”。可以看到现代管理会计在文献和教科书里的“蓬勃发展”，但“打嘴炮”的成分更多，能够落地运行的成分极少，百年来从未整体性、常态性地介入生产管理实践，提供不了大量的实际工作岗位，同样是不养人的，需要有新兴的“有账管理会计”来承担吸纳存量会计人口的重任。

表面上看，会计只用到复式簿记和四则运算，前者用“增减记账法”或“左右记账法”，只要一小时就能学会，后者是小学课程的内容，实话实说，两者都是拿不出手的，却居然能够盛行 500 多年而不衰。现在，这两个工具即将被人工智能“横刀夺爱”，会计人员到了需要重新思考的关键点了：

会计需要独立成“科”的理由何在，我们经过多年训练才掌握的专业知识，学到的究竟是什么？

有什么真正属于自己的本事，是人工智能夺不走的，从而让我们还能在这行当里继续生存下去?

开宗明义，笔者给出的答案是:

会计在本质上是财务数据“分类”与“变换”的行当，重在将财务数据作各种“分类”与“变换”，研究类与类之间的相互关系，确定变换的算法，借以描述会计主体的经济状态和经营成果。分类时要涉及思想、灵感、概念和常识等，变换时则需要对全过程的前瞻性，这两者都是机器之所短，却恰恰是会计人员之所长，会计人员的能力远远超过计算机，这是人类尊严之所在，也是会计人员得以继续在会计领域存活的核心能力。

根据这样的表述，不难注意到，财务会计只是“财务数据分类与变换”的路径之一，我们是否有可能创建新的路径，从而产生新的就业机会呢?

第2章　催生广义现金流管理会计

2.1　财务会计与管理会计的同源分流

已故会计学家，厦门大学余绪缨教授提出“管理会计与财务会计同源分流”的基本思想，并且具体地表述为：“管理会计所说的算账，是属于广义的算账，以灵活而多样的形式对财务会计的有关资料进行加工、改制和延伸，……实际上都是从一个侧面对财务会计资料所作的加工、改制和延伸（延伸到更广、更深的领域）。”①

余先生在世时，这样的理解和表述极为准确。因为在实务中，财务会计从原始凭证中提取信息，编制出记账凭证后，就将原始凭证装订归档，束之高阁了，管理会计如同无源之水，无本之木，当然只能在财务会计资料的基础上“加工、改制和延伸”了。虽然“加工、改制和延伸”总有点管理会计对财务

① 余绪缨．管理会计［M］．北京：中国财政经济出版社，1990：17.

会计的“依附感”，但现实如此，确也无可奈何。作为弟子，在先生仙逝周年之际，我曾发文向先生的这个总结致敬，原文摘引如下：

笔者师从余先生研究管理会计二十余年，某日惊觉，发现自己在会计信息化方面的系列成果虽堪称原创，方法上却是万变不离其宗。例如，将记账凭证重作分类以精确编制现金流量表……，均未偏离“加工、改制和延伸”这一思路，读者也会看到，笔者即将发表的《现金制：百年轮回又出山》一文，虽基本完成现金流会计的整体构建，有望打开管理会计的实用性通道，也仍不过是“加工、改制和延伸”而已。思之再三，更觉大师思想之深邃，在先生仙逝周年之际，谨以此文告慰恩师在天之灵①。

时至今日又过去了十几年，外部环境已经发生了许多变化。其中最值得关注的是“原始业务电子数据化”。在这种情况下，“同源分流”的思想不变，具体表现却可以不同了。管理会计不再需要对财务会计资料“加工、改制和延伸”，而是可以从“原始业务电子数据”直接与财务会计分道扬镳，是真正意义上的“同源分流”了。

所谓“同源”，是直观可见的。所谓“分流”，是指两个会计分支有各自的财务数据分类框架，经过各自的数据变换，得到不同的结果。过去因为原始凭证被财务会计“束之高阁”

① 参见：《财务与会计（综合版）》2008 年第 17 期。

地独占了，以至于没有核心指标，没有核算流程，没有基本报表的“三无管理会计”尴尬现状，将彻底消除。“人工智能会计”出场，会计人员作用降低了，导致了财务会计的就业危机。与此同时，却也是设账核算的管理会计崛起的契机，所谓“上帝关上一扇门，便会打开一扇窗”是也。我们亟须构建新兴的“有账管理会计”，也要从编制记账凭证开始，逐步变换，直至达成自己的目标。此外，由于“新兴管理会计”是初创的事物，没有现成的大数据可用，顺便还让机器的“深度学习”无从下手，可望为我们提供充分的缓冲时间。

2.2　新兴管理会计的发展方向

在新的可能性浮现出来后，管理会计要向哪个方向发展才能与财务会计“分道扬镳”，应当关注什么，可以做什么事，是很值得研究的问题。

美籍日本会计学家、原美国会计学会会长井尻雄士认为：“毋庸赘言，现金流是商业的根本目标，企业可以持有各类资产，但它持有这些资产的目的，总可归结为现金流的目标，即收回高于所投入的现金。”① 他在这里提出了虽朴素却大彻大

---

① 参见《现金流会计及其结构》“Cash Flow Accounting and its Structure”。

悟的思想，即“收回高于所投入的现金”才是商业活动至高无上的目标。

余绪缨先生认为：“现金流动是现代管理会计这一特定领域有关内容的集中和概括，贯穿于这一专门领域的始终，构成现代管理会计的对象。……这是因为，现金流动具有最大的综合性，其流入与流出既有数量上的差别，也有时间上的差别，通过现金流动的动态，可以对企业生产经营……提供重要的、综合性的信息。”①

通过生产经营活动，现金是否多出来了，多出来几何，是需要会计核算的。但我们看到，号称“以货币为计量单位”的财务会计只会拿虚幻的“净利润”来忽悠人，从来不去算、也算不出“公司赚了多少钱”，岂非怪事！而现代管理会计虽然叫“会计”，却已经自废武功，成为无账会计，新兴管理会计恰好可以在此安营扎寨，围绕现金流信息重新建账核算，借助于人工智能手段，提供我们所要的各种信息，这是历史留给我们的自救机遇。

先简要提及“科学会计”。科学研究是经过探索，有所发明或有所发现的过程。科学上的基本判断标准就是“重现”，无论是发明或是发现，你公布了，别人“照谱炒菜”地重复这个过程，也能得到同样的结果，这个成果才算大致得到确认。

---

① 余绪缨．管理会计［M］．北京：中国财政经济出版社，1990：22.

把这个标准用于判断“会计是否科学”，就转化为“无论谁来做账，都能得到同样的结果”，这首先是我们的设计试图实现或逼近的目标。财务会计做不到这一点，同样的一些业务，让 100 位会计师处理，会得到 101 套财务报表，多出来的那套是注册会计师调整的。鉴于以上所述，新兴管理会计或许要围绕现金流来开始设计。

我们先来想象一个常见的电影桥段：两部轿车相向而行，靠近时都停下来，车门大开，从每辆车上各钻出一个扎着马尾辫，戴着墨镜，穿着黑西装的彪形大汉来。两人分别打开手中的密码箱，让对方看清箱子里的东西，一个装“白粉”，另一个装美元。然后两人交换手中的密码箱，各自钻回车里。说时迟，那时快，两部车无声无息地离开了……

这是最典型的“钱货两清”交易场面，代表两个不同的运动方向。接下来，花开两朵，各表一枝，就看镜头要跟踪的是“得钱一方”，还是“得货一方”的动静了。公司的对外交换活动也是如此，现金与实物的运动是互为逆向的，首先是采购时的“付款/收料”，最后是销售时的“收款/交货”，从不同的运动方向来观察，当然会有不同的感受和结论。在“实物流视角”和“现金流视角”中，“现金流视角”受到中式簿记的一种——“现金收付记账法”基本思想的启示，因而特别有优势，有助于形成看问题的“大局观”。

一个优势是现金流数据的可比性。

假设公司老总听汇报，本月卖出了冰箱 1 万台，彩电 1 万台，这种说法无异于“苹果和香蕉各卖出了1斤，总共2斤”，完全不得要领，他是不可能有多深印象的。而换一种说法，本月的销售金额是冰箱2000万元，彩电2000万元，老总就可以知道，从销售额看，两种产品各占了半壁江山，甚至可以借此推算自家产品在市场上所占的份额。如果更进一步汇报说，本月从冰箱上赚到了800万元，从彩电上赚到250万元，哪种产品对于公司更有贡献，更应加强管理，就不言自明了……也就是说，现金流数据因其独具的可比性，是最能让人产生“感觉”，并据以管理调控的数据。

另一个优势是现金流数据的连贯性。

在“现金出/物料进”的对外交换之后，我们就有了原材料；然后，原材料被投入生产过程，转换为在制品；加工完成的在制品经过验收，又转换为库存商品；库存商品经过“实物出/现金进”的对外交换，最终又还原为现金。所以，现金是生产经营的出发点，也是生产经营的回归点。在出发点与回归点之间，即在公司内部，还有不断变换、令人眼花缭乱的实物生产加工过程，是相当复杂难解的。

对于这个过程，如果偏重观察实物流，麻烦就来了。从空间位置上看，它们分处于原材料仓库、生产车间和产成品仓库等不同的空间位置。从实物形态上看，存货会分别表现为固态、液态和气态等各种形态。而且，通过生产加工过程，不同形态的存货之间会相互转化，通过厂内运输、传送带、溜槽和管道等转移方式，存货的空间位置还会不断变动。在这样的不断产生形态变化，也不断产生位置移动的情况下，谁也没有本事观察到传承有序的实物流，谁也做不到“胸有成竹”。

反过来，偏重观察现金流，效果就完全不一样了。对实物的数量管理当然还是必要的，与此同时，“现金出/物料进”和“现金进/商品出”这两种对外交换之间，对于内部不断的运动变化，根据中式簿记“现金收付”的思想方式，是用现金出现了“虚收虚付”来解释和理解的。例如，成本为 1000 元的原材料投入生产，相当于把原材料卖了 1000 元，又以这 1000 元支付在生产成本上，结果原料减少了，生产成本增加了；产成品交库也类似，是相当于把在制品卖了，用同样的钱支付在库存商品上，结果生产成本减少了，库存商品增加了……根据这个思维，不论实物怎么变化，这中间都有“广义的现金流”在运动着。换句话说，会计对实物采用的是“数量核算”与“金额核算”并行登记的方式。完成这种双重记录之后，在物理上不断形变、在空间上不断位移的实物流就不再重要，因为“广义的现金流”已经可以“穿透”整个过程，连贯地描绘出前后一致的图景了。除了义务劳动，任何商业活动都是要花钱，也要赚钱的，不用说现在连义务劳动也要买点矿泉水和面包了，所以“广义现金流”的视野覆盖面就很广泛。

20 世纪 30 年代，著名会计师徐永祚先生《改良中式簿记方案》以文字正式介绍“现金收付记账法”。从那时开始，到 1993 年 7 月 1 日因会计制度改革停用这一方法为止，“现金收付记账法”在中国大陆至少运行了60年（尚难考证《方案》推出之前已使用了多少年），极其有效地守护与传播了“中式之收付以现金为主”（徐永祚语）的文化传统。回顾新中国成立后财政部会计司首任司长安绍芸先生的名言：“（现金）收付记帐方法的会计科目实在即是现金科目的明细科目，合起来仍等于一个现金科目”，也就是说，所有的会计科目都是为解释现金的变化服务的。读者诸君是否被中国会计前辈“先知先觉”的悟性所震撼?!

弘扬导师学说是弟子的天职，余绪缨先生曾提出“广义管理会计”大课题，笔者将新兴的管理会计定名为“广义现金流管理会计”，恰可忝列为“子课题”之一，深感荣幸！

2.3 广义现金流管理会计的核算关键点

广义现金流管理会计不同于财务会计的关键点，在于最终要得到的核心指标不同，不再是“净利润”而是“赚钱为王指标体系”，从而核算中的某些基本点也不同。

1. 不确认应收款项，但确认应付款项

根据管理会计“可控性”原则，对于还未收到现金的应收款项，是不予确认的，因为钱还在别人手中，从自身地位来说是“不可控”的。对于赊销业务，只登记“库存商品”向

"发出商品"的转变（如有的话），发出商品的直接成本就转化为"结算性债权"。不过，对于还未付现金的应付账款，则要予以确认，因为钱在自己手中，是可控的。可见，这样的处理方式，既不同于"应计制"，也不同于"现金收付实现制"。

2. 明确区分"筹资性负债"和"结算性负债"

"筹资性负债"是公司从债权人手中取得现金，而要承担用等额现金偿还的债务。如银行借款、应付公司债等，也包括公司因接受货币资金而形成的其他负债，如股东为帮助公司度过临时周转需求而短期提供的款项，这种情况下股东同时也具有债权人身份。此类负债种类繁多，保证金是其中最常见的，如企业收取的共享单车押金，等等。

"结算性负债"是指筹资性负债之外的所有其他债务。不是因为取得现金而要用等额现金来偿还，往往是因为结算过程需要一定时期才能完成而产生的，因此粗略地统称为"结算性负债"。其主要形式，有公司先收货，后付款的情况，将此登记为"应付账款"或"应付票据"。另外还有"预收账款"，虽是收到现金在先，却是要用"交货在后"来偿还的，所以仍不同于筹资性负债。还有各种应交税费，以及"应付利息""应付股利"和"应付职工薪酬"等，这些都是依据相关法规或协议"凭空产生"的负债，而不是因收到现金而产生的。

3. 明确区分“长效贵重资产”和“低值易耗品”

下文将要提及“间接费用”，有时需要围绕实物状态来理解。所以在这里先说明“长效贵重资产”和“低值易耗品”两者之间的联系和区别。

公司是一个既有货币输入，又有货币输出的“现金池”。而为了赚钱，在开始从事生产经营活动前，是需要投资购建一些设施的，最低限度也要有办公场所、生产场所和生产设备等。这个通道或平台搭建起来后，就形成赚钱能力，才可以开始“货如轮转，日进斗金”。

长效贵重资产就是构成公司基本生产经营环境，有助于公司自营活动的配套设施。作为长效贵重资产，需要同时满足两个条件：一是预计可在自营活动中发挥长期效用（姑且设定为2年或以上）；二是单件在规定的下限金额以上（姑且设定为2万元或以上）。

长效贵重资产的作用，可以理解为“构建赚钱通道的设施”，提供了自营业务得以开展的环境条件，公司的商业活动、生产活动或其他服务正是在这个通道中不断循环周转，最终回归为货币资金的。可见，持有长效贵重资产的目的，与持有其他长期投资项目资产不同，与持有存货也是不同的。长效贵重资产组合起来，要对自营的生产经营活动提供持续的平台服务作用，这是理所当然的，所以，人们更看重的是这些设施组合起来所形成的支撑作用，而不是在将来可以变卖得到多少钱。

“长效贵重资产”的实例，如生产设备、厂房和办公楼等，也包括自用的土地使用权、管理信息系统、购进的专利等无形资产在内。在范围上对应于传统的“固定资产”和“无形资产”，只不过有更明确的判别规则。

除了长效贵重资产以外，经营过程中还需要不时购置许多实物，它们或者价值低到可以忽略，例如办公用品、灯管、电风扇之类；或者使用期限短到不值得关注，例如容易磨损腐蚀的轧辊、溜槽、化工管道等，需要时常更换。它们不能同时满足“长效且贵重”的条件，也就不是“长效贵重资产”，可以称之为“低值易耗品”。也就是说，只要满足“低值”（姑且设定单件2万元以下），或“易耗”（姑且设定预计效用在2年以下）两条件之一，或“二者兼而有之”的，就算是低值易耗品。低值易耗品当然也是构成公司运营环境的资源，但由于以上所说两个原因，一旦投入使用，就没有多大的回收价值，并且名目种类繁多，要在会计账上事无巨细地一一记录，既做不到，也没有意义。

因此，从可以操作的要求上看，不妨针对“长效贵重资产”和“低值易耗品”两大类，在会计账上作不同的处理。“长效且贵重资产”是要长期关注的，除了行政上的管理手段（如指定责任人）之外，还需要在会计账上作“金额管理”，同时登记品名数量、原始购进金额等，反映在会计报表上，并且定期盘点实物，当失去效用时，或提前变卖时，要在账面上及时注销，总之是要作为“资产”记录在案，但在有效作用期间不计提折旧。至于“低值易耗品”，则可以采取简化处理方式，在投入使用后，就作为本期的“间接费用”一次性注销，在会计账上不再记录其现状。

对于有些项目，如特定产品的生产线来说，即使是单件价值不达标准的某些构成物，因为是成套设施的一部分，在基建安装完成时，也可进入投资项目清单，作为“长效贵重资产”整体移交给生产运营使用。不过，投入使用若干时期后，需要局部更换时，就要按单件是否符合“长效贵重资产”标准来处理了。单件重置价格符合标准的，注销报废的单件资产的原始购进成本，登记新资产的购进成本；单件重置价格不符合标准的，视同低值易耗品，作为当期间接费用处理了。该繁则繁，可简则简，因为，这里看重的、要维持的是设备“成龙配套”的运行能力。

这样，“间接费用”既包括不形成实物的开支（如招待费等），也包括虽形成实物，但会计上不记录为资产的开支（如低值易耗品），如此分门别类，才能有理有据地推动管理会计核算。

必须说明，这并不是放弃了对“低值易耗品”的实物资产保护。因为除了会计借助于复式簿记进行的金额管理以外，在实践中，公司对于实物资产的保护还有各种不同的有效方法，例如：

（1）员工个人领用并负责保管的，如工具、笔记本电脑等，可设立个人领用登记册。领用时要有主管的审批，发放人在领用人保管的手册上记录品名数量，领用人也同时在发放人保管的副本上签收。如果是更换新的，还要求以旧换新。员工离职时要依据手册的记录如数交还。

（2）由部门使用的，如办公家具、办公设备等，由各使用部门负责保管，行政部登记在册，定期盘查。

（3）设立库房，由仓管员或专人保管的方式。

（4）某些资产会自然处于公众关注之下，如房屋建筑物、各种管道，水电灯具设备等，一旦损坏或失窃，就会被及时发现。

……

以上这些，都只和实物的品名数量有关，可以称为“行政手段管理”，由于“低值易耗品”的“低值”或“易耗”特点，不值得会计上特别关注，借助于行政手段来管理就足够了。

4. 明确区分“直接成本”和“间接费用”

“直接成本”并非笔者原创的概念，实务中已有大同小异的各种理解，为避免歧义，可作如下的特别说明：直接成本是可以认定为和某种现金收入业务直接有关的开支，或者说为了取得该现金收入而明确需要支付的开支，就是其直接成本。在具体构成上，以制造业为例，直接成本由可以明确认定的直接材料、直接人工和其他直接成本（如产品设计费、专用模具费、可认定电费等）所构成。有些业务带来现金收入，却没有直接成本，例如收到现金股利、收到存款利息、接受捐赠、接受奖励等，可以看作“直接成本为零”的特例。

反之，凡是不能认定和某种现金收入业务直接有关的费用，一律不算其直接成本，而是作为当期间接费用处理。采用排除法，认定了直接成本以后，其余的开支就是间接费用。从传统的“管理费用”“销售费用”和“制造费用”中打捞出“其他直接成本”以后，剩余的部分就是间接费用。

所以关键在于“能够认定”和“不能认定”，完全在于“可操作性”，如果很容易就“直接有关”取得共识的，就是“能够认定”，否则宁可作为“不能认定”。非此即彼，不应当凭空想象，牵强附会地硬要找到其中的关联来，所以处理时不存在灰色地带。

直接成本由“直接人工”“直接材料”和“其他直接成本”构成。可以明显地感觉到，认定“直接材料”和“直接人工”一般不难，认定“其他直接成本”则需要筛选分析所有费用才能完成。根据直接成本/间接费用的划分标准：

直接材料和直接人工毫无疑问是直接成本；

行政费用一般是间接费用；

水电燃气等公用事业费可以通过计量仪器分割为直接成本或间接费用；

服务于生产变换主线的一些环节，即传统上称为“辅助生产”的，无论提供的是实物还是劳务，可以分割计量的，都容易划分为直接成本和间接费用。无法划分清楚的则作为间接费用；

维修工作往往是应对突发性、一般性的维修需求而独立设置，一般作为间接费用处理。但如果某个变换环节的维修费用经常性地较高，就要考虑为该环节专设维修人员，那就是“其他直接成本”了。

内部形成的各类实物，如工装、模具、夹具、轧辊、溜槽、管道等，符合“长效”且“贵重”两个条件的，首先划分为“长效贵重资产”。其余的或低值，或易耗，或低值与易耗两者兼而有之，只要确定是为某个变换环节所用的，都是当期的“其他直接成本”。不能确定的，则作为“间接费用”处理。

这里有个疑问需要略作澄清，归入“其他直接成本”的某些费用，虽然可认定是直接成本，其效用有时却是更为深远的。以服装设计费为例，某一款式服装的设计费发生了，也作为该款式第一批产品的“其他直接成本”处理了。但是，由于受市场欢迎，后来又连续生产若干批，以后的各批虽同样受益于该设计，就不必再负担设计费了，这样的处理似乎对第一批产品不够“公平”？应当说，在第一批产品生产时，这样的账务处理是反映了客观事实的。至于以后又生产时，就事论事地看待，过去的设计费已经花出去了，此时并未发生新的设计费，管理会计认为那是“沉落成本”，也不必再去回顾了。产品专用模夹具费也会有类似的疑问，为第一批产品而制作后，只要该模具不损坏，后来的产品均可受益。对此，除了和产品款式设计费同样的解释理由外，还可以这么想，该模具如果价值足够高，作为“长效贵重资产”处理就没疑问了，正是因它自身不符合“长效且贵重”的标准，才作这样的简化处理的。

至于商品流通业，无非是“买进卖出，低买高卖”，要判断是否直接成本并不难。

其他行业的业务直接成本，则需要具体情况具体分析。有些行业，直接成本有重要分析作用的，往往能清楚地辨别出来，如交通运输业的“单车运行成本”。但另外有些行业，直接成本并不具有重要的分析作用。如套装软件的直接成本只是微不足道的光盘和包装费用。更典型的例子如移动通信公司，它是按发送短信的条数收费的，却不愿提供发送每一条短信的“直接成本”，以证明高收费是有道理的，这曾经引发社会的广泛质疑。其实这是实情，因为在发射基站等“长效贵重资产”投资完成后，发送短信的“直接成本”低到可以忽略不计，当然不好意思公布了。

回头来看财务会计下的“制造成本法”，既然制造费用已可分解为“其他直接成本”和“间接费用”，其中的“间接费用”又是有望不断转化/削减的。如此一来，专为制造费用而生的“作业成本法”，尽管已经发展成为相当费脑的知识体系，也将整体失去存在的必要性。当然，在科学发展史上，“有心栽花花不活，无心插柳柳成荫”也是不乏前例的，希望还能为其找到新的用途。

第 3 章　AIAcc 垂直模型简介

3.1　人工智能的“横向模型”与“垂直模型”

在“生成式通用语言模型”（如 Chat - GPT 等）盛行的时代背景下，专注于完成特定任务的人工智能研究大致被归类为“垂直模型”。借助于“通用机床”和“专用机床”的划分来理解，前者是“横向”的，加工适用面广，但加工效率和加工精度未必理想；后者是“垂直”的，只能完成特定加工任务，但由于配备有专用刀具、专用模具和专用夹具等，加工效率和精度可望更高。

会计虽然号称“商业语言”，其实并不“通用”，与自然语言对比很有些特殊性，在细节上的专业要求很高，它所处的企业环境又产生许多具体的个性问题，需要逐一解决，人工智能会计的“垂直模型”由于只关注会计，自有其优势和生存空间。读者也将看到，它所面对的某些问题，“横向模型”同样也要去面对和解决。

有鉴于此，本书定名为《人工智能会计垂直模型研究》。

你是怎么做的不重要，你用的方法是不是主流先进也不重要，最终做出来什么结果，引领会计产生了什么变化才最重要，这是笔者推进 AIAcc（人工智能简称 AI，会计简称 Acc））垂直模型研究的底气。

3.2 AIAcc 垂直模型全景图

简要介绍了广义现金流管理会计后，应该转而阐述 AIAcc 垂直模型，给读者一个全面的印象。至于广义现金流管理会计的具体内容及其效益，将分别在下文的相关环节加以介绍。

我们将该模型划分为“碳基会计岛”（自然人，碳基生物）与“硅基会计岛”（机器人，硅基生物）两大部分，自然人所能做的工作主要集中在“碳基会计岛”来表现，即“前 AI”和“后 AI”阶段，除了报账报税与传统财务分析之外，都是新的就业机会，读者可以看到我们还有多大的介入空间；机器人所做的工作主要集中在“硅基会计岛”上，当然这里也不是绝对的“无人区”，也有自然人在利用 AI 运行的间隙从事功能维护和功能提升任务，由于要直接和机器对话并驱使其工作，其工作具有神秘感。

以下给出“人工智能会计垂直模型全景图”（见图 3－1），从“碳基岛”的工作开始，经过“硅基岛”的核算，最终又回到“碳基岛”，表现为先后有序的流程。

（1）首先要“采集记账素材并作数据治理”；

（2）作为记账规则，进行“财务数据分类设计”；

（3）作为记账规则，进行“财务数据变换设计”；

（4）将上述（1）、（2）、（3）的结果合并送交“硅基岛”，它们要通过“适配性检测”。若通过了检测，进入下一步骤 AIAcc 中心；若未通过检测，则退回“碳基岛”，请求人工修正后，再次送交检测；

（5）“硅基岛”的 AIAcc 中心启动核算；

（6）核算结果分为“财务会计”和“广义现金流管理会计”，送回“碳基岛”，在回填 AIAcc 核算结果之后，各自开始“后 AI”的工作。特别要强调的是，在“广义现金流管理会计”这一路径上，由于延伸出“造血量责任中心核算与业绩考核”和“现金流诊断/调控措施”，不但对企业造血能力有重大助推，也为会计人员提供更多的新就业机会。

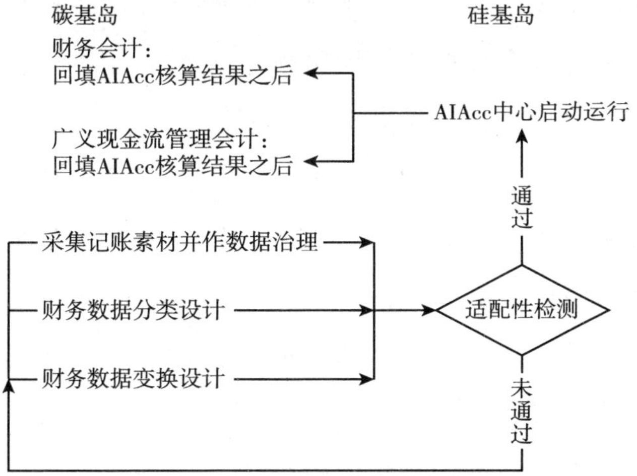

图 3－1　人工智能会计垂直模型全景图

第4章 采集记账素材并作数据治理

4.1 何为“记账素材”

“记账素材”是“人工智能会计垂直模型全景图”第1个步骤所要做的工作，先说说什么是“记账素材”。

除了增值税发票、银行回单等外来单据，经历了多年的管理信息化过程后，企业已有了ERP、OA、MIS和单项业务管理等各类管理系统，以及服务于直接生产过程的各种计量控制设施，从中生成了多种多样的大量电子数据。作为后台业务的会计若要从中采集数据，想来会有如下几个问题。

首先，这些数据分别来自各种不同的系统，需要解决异构系统间数据交换的障碍，由于电子数据交换等方面的技术发展，这方面应没有太大问题。

其次，会计从前台业务系统取数，需要得到相关系统的授权，这也是可以解决的。

最后，在多种多样的数据海洋中，会计自己要采集什么数据，却颇令人为难。

原始业务电子数据是运营过程中自然产生并由相关系统/计量设施记录下来的，而不是事先专为会计准备的，所以未必是 AI 会计直接可用的。我们也强调过，会计是后台的数据处理工作，当会计取得数据时已成定局，往往难以要求从源头上按会计要求加以修订了。所以，原始业务电子数据中，与会计相关的那部分还只能称为“记账素材”。

在会计人主导的环境中，事件发生的标志是各类原始凭证，林林总总的原始凭证使人们感知到事件已经发生，需要启动相关的会计处理了。换言之，“会计事件”是驱使会计启动处理的前台业务。所以在本质上，会计是“会计事件驱动”的数据处理模式，在 AI 主导的环境中也不例外，而且更需要强调与重视这一点。那么，什么才是“会计事件”呢？

通过经验事实的导引，可以发现，企业不断地发生各种各样的事件，整体经济活动实质上表现为一系列的“事件流”或“业务流”。在这些事件中，有些是与会计弱相关的，例如董事会在开会、采购员出差上飞机，等等。另一些则是与会计强相关的，是会计要加以记录和反映的业务，例如采购已付款、原材料已验收进仓、生产已启动、产品已交库、销售已发货，等等，不妨将后一类事件称为“会计事件”（以下简称为“事件”或“业务”）。在前述的原始业务电子数据中，对会计核算有用的，可以理解为由“会计事件”分别产生的，是 AI 会计记账需要用到的“素材”，与会计人员主导的核算过程中的“原始凭证”完全类似。

记账素材中，有一部分是外来的，例如，可以通过有资质的机构从税务底账库取得增值税发票数据，可以通过“银企互联”取得银行回单数据。

此外就是自家产生的部分，就制造业而言，在采购环节，至少有“原材料验收进仓单”和“原材料出库领料单”；在生产环节，是每个变换工序上的“收、发、存”记录和最终的“产成品进仓单”；在销售环节，主要有“库存商品出仓单”“发出商品出仓单”等。还有费用方面的“薪酬发放汇总表”“薪酬分配汇总表”“杂项费用报销单”等，以及结算方面的“现金出纳登记表”“应收票据登记表”“应付票据登记表”等。

充分认识“事件驱动”的重要性，尽可能辨识更多的会计事件，是最重要的基础工作，采集记账素材时，往往需要作些个性化的考虑，如本单位是否有这些业务发生，这些业务是否有现成的系统在处理，是否可能取得相关业务数据，等等。

以向职工个人付款的业务为例，假设原来没有统一的“职工借款审批”流程，不妨建议设立线上审批制度，主要内容如表 4－1 所示，这样既强化了财务管理，审批表的电子数据又可以作为新的记账素材，补充了必要信息。

表 4－1 职工借款审批信息表

日期	职工姓名	身份号码	部门	借款事由	申请金额	批准金额	审批主管

4.2 “会计事件”的结构化表达

1984—1987 年，我在厦门大学师从余绪缨先生攻读硕士学位，论文题目是《管理会计理论体系初探》，在文中提出“事件”和“会计信息元”的概念。学位论文的主要内容以同名文章发表在 1988 年 3 月的《会计研究》上，随后该文又入选中国会计学会《1988—1989 年会计学论文选》。事隔 30 多年后，经过重新思考，根据现在所达到的认识水平，对这两个概念重作修订和表述，应当有助于我们理解和把握，设计时需要考虑采集哪些数据，如何对财务数据作“分类与变换”。

在枯燥乏味的会计循环过程中，在将数字从一个账户转抄到另一个账户时，有许多疑问油然而生：

为什么要开设这些会计账户？

为什么数字要这么不断地在账户之间结转？

为什么是从 A 账户到 B 账户而不是相反？

为什么结转的是这个金额，而不是其他？

……

所谓事件并不是孤立的，每一个事件都是同一整体活动之细分，因而在一系列事件之间，先验地存在着复杂难解的逻辑关系。我们有理由相信，会计人员所从事的财务数据“分类与变换”活动，并不是会计人员任意决定的，而是顺应着某些先验存在着的原则或规律的。

一个“会计事件”当然涉及林林总总的各方面，可以用物理的、化学的、工程的、文字的，甚至诗意的各种形式来表达。所谓“会计信息元”，是经过经验事实的导引而抽象出来的理论概念，代表着会计的加工处理对象。会计信息元说明，一个会计事件是怎样被“结构化”地表现在会计的视野中，它以压缩的形式包含丰富的内容，可望为后续的数据处理提供明晰的指引，具有深刻的认识论意义。

既然“会计是一个信息处理系统”，当然只有加工处理对象才能贯穿始终。一般地，作为一个理论体系的逻辑起点，首先，它必须是对象的最简单、最基本的本质规定；其次，它是构成这个体系的基本单位；最后，它以“胚芽”的形式包含着对象发展全过程的要素。会计信息元由几组“可计量要素”和n个对该事件的“特征说明”所构成。

“可计量要素”具体表现为“数量及计量单位”，分别采集该事件的可计量属性。例如：

数量及记账本位币，如60元；

数量及现实计量单位，如3公斤；

数量及外币单位，如10美元；

假设3公斤的货物出口卖了10美元，折算为人民币60元，那么采集到的可计量要素是“60元、3公斤、10美元”。其中，至少有一组属性是不为空的。而经过会计处理后，“数量及记账本位币”这一组要素必不为空。

会计与其他学科的最重要的区别在于“以货币为计量单位”。不过，与牛顿时空观下的公斤等刚性计量单位不同，货币计量单位是柔性的。由于通货膨胀，单位货币所代表的购买力会发生变化，需要“通货膨胀会计”分支来专门研究这一问题。由于货币的“时间价值”观念，对于过去、现在与未来时点上的货币不能等量齐观，需要作一定折算。此外，会计是规定了“记账本位币”的，由于不同种的货币所代表的购买力会不断变化，又需要研究汇率折算问题。可以想见，“可计量要素”是会计得以作各种数据处理的根本基础。

至于“特征空间”，我们不难注意到，会计信息元是附丽于某个会计事件的，可以采撷到该事件所赋予的“特征”，只有研究这些特征，才能得到足够的信息，从而了解这个事件。

例如企业的销售业务，金额为 1000 元，已发货。涉及的特征有：

商品类别；

品名规格；

交易顾客；

销往地点；

发货仓库；

经销人员；

发运方式；

当天气温；

如此等等。

再如企业购进一批原材料，金额为 1000 元，已到货。涉及的特征有：

原材料名称；

原材料产地；

采购员姓名；

验收存放仓库；

供应商名称；

申请备料的项目；

如此等等。

一旦采集了这些特征，以后就可以方便地统计分析了。以商品销售事件为例，可以知道：哪种商品是最畅销商品；谁是最重要的客户；哪个地区是最大市场；哪个仓库是最大物流集散场所；谁是业绩最佳的销售员；在理解会计信息元的作用时，充分发挥想象力是很有必要的。举个极端些的例子，冰淇淋厂家如果也采集当天的气温信息。长期的日积月累之后，进而分析产品销售数量与气温之间的相关性，从而有可能参考明天的气温预报来决定明天的投产数量，达到既保销量又保新鲜度的效果。当然，需要采集什么数据，也和当前管理要求有关，并不是越多越好，采集的数据越多，成本越高，这里有个“成本/效益”的权衡问题。

假设某个会计事件的特征共有 n 个，我们令每个特征代表 n 维空间的一维坐标，就构成关于该事件的“n 维特征空间”，该事件在空间中表现为一个点，1000 元是其在各维度上统一的坐标值，其正负则由坐标轴的方向所决定。

当然，从理论上说，难以确定某个会计信息元到底有多少特征，因为随着管理水平的提高，信息需求也会提高，某些特征因“有用”而进化，也有某些特征因“废用”而退化，都是可能的，只要考虑当前可预见的信息需求，来采撷相关的“特征说明”就可以了。

“会计事件”和“会计信息元”之间的关系是，当我们把一个个会计事件联系起来，它们便构成了动态的企业生产经营活动，所有事件在总体上表现出连续性，附丽于其上的“会计信息元”的特征空间也是相互交叉的，“特征维”之间形成了内在的依存关系和逻辑关系。会计对财务数据的分类和变换，正是据此经过一定的规则和程序，对“可计量要素”不断地分解合并而进行的，最终达到预定的目标。换句话说，针对“可计量要素”的后续处理，“特征说明”就是我们对财务数据进行分类和变换的依据。

“会计信息元”有实际的应用意义吗？让我们看看“会计事件信息的结构化表达”（见表 4－2），第一条记录是关于“原材料进仓”的事件，第二条记录是关于“支付货款”的事件，这是两个相关的会计事件，如果再加上日期、记账凭证号、凭证摘要、科目代码等数据，活脱脱的一份会计记账凭证就呼之欲出了。

表 4－2　　会计事件信息的结构化表达

特征说明 1	特征说明 2	特征说明 3	特征说明 4	方向	数量及本位币	数量及单位
原材料	化工原料	危险品库	浓硫酸	+	1000 元	10 公斤
银行存款	工商银行	×账号		–	1000 元	

会计信息元的一部分“特征说明”具体化地表现在记账凭证中，排在最前面的是一级账户或“总分类账”，例如“原材料”，排在后面的其余分类，如“化工原料”“危险品库”“浓硫酸”等，称为“明细分类账”。除此之外，会计信息元的另一部分“特征说明”还没有出现在记账凭证中，例如，“原材料进库”这个事件至少还有“供应商是谁”“采购员是谁”“原料产地在哪里”等“特征说明”。由于财务会计不需要这些特征说明而暂未采用，将来一旦需要时（特别是广义现金流管理会计），还是可以激活起来，重新启用并纳入核算的。通过这样的“虚实结合”，也就体现了会计核算能够充分应变，具有“可进化性”，而不是僵化不变的。

因此，记账凭证与会计信息元的关系，大致可以这样理解：会计信息元是会计事件的理论抽象，有“虚”的成分在内，将来还可以根据“财务数据分类与变换”的需求继续扩展，会计记账凭证则是满足当前核算需求的实在表现。

4.3 “数据治理”实例分析

前已述及，从原始业务电子数据中能采集到的，只是生产经营过程中由相关系统/设施记录下来的数据，未必能直接为AI会计所用，也未必有人愿意去修改到适用，还只能称为“记账素材”。所以在“前AI”阶段，还需要会计人员自己根据会计信息元的要求，作某些改制或补充。我们以增值税购货发票应如何改制作为典型，来加以分析。

增值税发票上有相互关联的两栏，即“货物及应税劳务、服务名称”和“规格型号”，前者是必有的内容，后者只在需要进一步区分时，才标明其具体的“规格型号”，实务中常合并在一起，俗称为“品名规格”。面对这样的一份发票，会计上为了记账，对于所购进的内容，至少要划分为“物料”“费用”“固定资产”“无形资产”“在建工程”五种类别。为了人类会计的尊严和未来活路，我们需要说清楚这些“分类”为什么没有一定之规，为什么对机器来说复杂难解，是它难以做到的事。

1. 记录为“物料名称”

例如原材料、周转材料、包装物等都是“物料”。一般的判别标准，是有计量单位的实物，经过进仓验收，以后需要时再领用。这里可能会遇到如何为物料定名的问题。假设有三家供应商提供同一款货物，每家所提供的发票上，“货物及应税劳务、服务名称”“规格型号”表述都不一样，该怎么处理？更麻烦的是，即使外来发票上名称不约而同地都是一致的，而企业内部库存系统偏偏习惯于用某种“编码”来指代该货物，这种脱节又该怎么处理？

对于同款货物，销售方与购货方可能有不同叫法，发票是别人开的，账却是要按自己的规定来记的，这让机器几乎无所适从，不知道该如何转换。有会计人员来参与就不同了，可以把发票上的“销售方名称”“货物或应税劳务、服务名称”和“规格型号”列在“关于物料名称的对照表”（见表4－3）的前3栏中，然后人工把本公司（购货方）的对应“物料名称”填写在第4栏“物料名称”中，每一行的意思用大白话来说，其实就是：

（销售方名称）提供的发票上（货物或应税劳务、服务名称）（规格型号）就是本公司内部所用的标准品名规格（物料名称）。

有了这个对照，本公司生产经营是怎么叫这款物料的，哪怕用“00561”之类的“货物编码”来表达，也没有问题，计算机已经知道怎么转换了。

表4－3　　关于物料名称的对照表

销售方名称	货物或应税劳务、服务名称	规格型号	物料名称

更值得一提的是由此留下的对照表记录。增值税发票开票软件的数据是可以延续使用的，只要没有其他变化，下次这位“销售方”的发票很可能还是这么表达该款货物的，计算机查到有这么一条历史记录可用，它就不必再求助于人了，自己麻溜地做好了。可见，在“人工示教”之后，让“计算机再现”不是难事，故事还没结束的时候，它已经有所长进了，这个对照表就成了AI的“学习经验库”。A供应商的货物查A供应商这条，B供应的货物查B供应商那条，……问题轻松地解决了。

2. 记录为“费用类型”

例如供水费用、供电费用、招待费用和差旅费用等。一般的判别标准，既然是“费用”，说明公司接受的是“劳务”或“服务”，而非“物料”。但也有例外，会计上把水费归为“供水费用”，是习惯性的做法，其实如果把自来水视同领用，需要时按“立方米”或“吨”来计量，反而是如假包换地领用“物料”。还有些属于公司个性化的做法，如购买打印纸等耗材，虽然本是“物料”，也有企业为方便起见，直接交办公室使用而不经过进仓验收，那么这“物料”却直接作为“办公费用”分类了。而且，一旦认定是费用，就要顺便指定是哪个部门所发生的，以便把账记到其头上，发票上又没标明，可怜的机器怎晓得是哪个部门?!

3. 记录为“固定资产编号”

“固定资产”这一分类首先是违背常识的，房屋建筑物是固定不动的还好理解，汽车明明满地跑也叫“固定资产”？在会计上，作为固定资产的一般判别标准有两条，即单件价值超过一定标准，预期的使用寿命也在一定年限以上，例如办公楼、厂房、机器设备，等等。固定资产有个如何命名的难处，名称相同但多次购进的设备，甚至同时购进的多台设备，只要启用日期不同，或使用部门不同，或报废日期不同，其后的计提折旧和报废处置等便不相同。可见从会计处理来说，仅是实物名称还不能唯一地识别该固定资产，购建时就需要“一物一编号”，用“固定资产编号”来指代某一台设备才能保证其唯一性，这又必然和购进发票上的“货物及应税劳务、服务名称”“规格型号”和“数量”脱节了。另外，出于会计上将来计提折旧的要求，必须补充发票上所没有的“预计使用年限”“预计残值”“使用部门”等信息，让没有常识的机器去“无中生有”，当然是不可能的。

4. 记录为“无形资产编号”

如外购的管理软件、工具软件以及购进的配方、专利权，等等，都是“无形资产”。一般的判别标准，是价值较高，而且没有实物形态。但也有例外，如土地使用权，硬要说没有实物形态也挺牵强的。同时，出于会计上将来计提摊销（土地使用权除外）的要求，也必须补充发票上所没有的“摊销月数”“月摊销比率”等信息。

5. 记录为“在建工程”下的明细项

在“一边生产，一边建设”的情况下，需要设立“在建工程”账户，以区别于正常的生产经营活动，在建工程当然也会有购进业务发生，这笔采购用在哪个工程项目的哪个明细类别上，也需要加以记录。

除了正式的投资项目之外，在建工程还可以包容各类更新改造和维修等项目，这些项目的开支先在“在建工程”分别归集。完工以后，如果判定符合固定资产“价值”和“预计使用年限”两条标准，就转到“固定资产”账户。如果不同时符合固定资产的两条标准，因其开支较大，一般会转到“长期待摊费用”账户下，然后在受益期间内分期摊销为“费用”。这里并没有一定之规，是由会计人员“拍脑袋”决定的。例如，有些工程项目虽然价值很高，使用寿命却很短，实际的例子如轧辊、溜槽、存放腐蚀介质的容器管道，等等。也有些工程项目属于维修性质，并不导致原有功能的提升，实际的例子如办公室重新装修的费用等。

增值税购货发票经过以上由会计人员所作的分类、改制和补充之后，对比原始发票数据已是“面目全非”，但它已经适合于提交给“硅基岛”，作后续的会计处理了。比照“会计信息元”的说法，把这样改制过的增值税购货发票改称为“增值税购进发票信息表”可能适当些，这个过程就是“对记账素材作数据治理”。

4.4　数据治理的基本形式

对记账素材的数据治理形式繁多，上文的发票改制实例已涉及分类、改制和补充等，至少有以下的几种不同形式。

1. 数据清洗

企业都会有杂项费用报销的流程。以“差旅费用”为例，在哪个部门都可能发生，依据部门的具体职能不同，而有不同的会计处理路径。例如，公司的部门大多是从事经营性活动的，其产生的差旅费用开支随着成本费用的处理过程，最终会转化为产品成本或期间成本，进入利润表，在现金流表上是"购进商品和劳务所支付的现金"。而另有一类部门属于基建部门，是从事投资性活动的，报销时不妨还说是"差旅费用"，但这类部门的差旅费用开支，在会计并不是真作为"费用"处理，而是要被记录为"在建工程"下的"待摊支出"，最后分摊为某个项目的某种明细开支，转化为长期资产成本，进入资产负债表，在现金流量表上是"购建固定资产、无形资产和其他长期资产支付的现金"。所以需要经过"清洗"，将两类事件区分开来，分别处理。

2. 数据换算

以卷烟为例，车间生产完工交库时，数量极大，原始凭证上的计量单位用的是"大箱"；批发销售时，数量略小些，原始凭证上的计量单位用的是"件"；零售时，数量更少，原始凭证上的计量单位又可能是"条"。各个业务部门根据各自的业务特点，开具单据时怎么方便怎么来，是理所当然的。但假设会计账上确定卷烟计量单位用的是"条"，那么新的问题又来了，机器怎么知道 1 个"大箱"等于多少"件"，1"件"又等于多少"条"呢？需要事先经过换算，以免 AI 会计账上的数量出错。

3. 数据标注

记账素材上未必有会计信息元所要求的充足的“特征”，例如增值税销售发票上，理论上还要有：是谁经手卖的；在哪里卖的；在哪里发货的；采用什么交货方式；购货方属于哪类客户；……这些都是发票上没有的，但这些特征有助于“广义现金流管理会计”的市场分析，也只能借助于人工来标注相关特征。

4. 数据增补

前已述及，在购进固定资产的发票上，可没有“预计使用年限”“预计残值”之类的数据，而这又是在计提折旧时所需要的，也只能由会计人员在固定资产卡片上补充了。

5. 数据对照

前台业务的“原始内容”未必等同于后台会计的“预定分类”，前者纷繁多样，后者则要求收敛有序。例如，机票费、车船费、市内交通费、住宿费等，在会计上都属于“差旅费用”。但缺乏常识的机器怎么能知道“住宿费”就是“差旅费用”呢？教会以后，如果另一家宾馆发票上写“房费”，甚至大车店开出“热炕 1 宿，草料费 2 匹”，机器又该记在哪里？所以需要建立起“原始业务内容”与“会计预定分类”这两者间的对应关系，这是随公司业务不同而异的，也需要会计人员做好对照表。

6. 主办会计调账

此外，有些记账素材属于“活情况”，只有主办会计才知情，需要为主办会计调账留有接口。这些“活情况”的实例如下。

（1）购进一批货，仓库是统一进仓保管的，AI 也入账了。但会计上有个特殊规定，“工程物资”要设专账记录，如果购进货物中有一部分是“工程物资”，就需要提出调账要求，把这部分存货从生产经营库存调整到工程物资库存中。

（2）子公司宣布发放现金股利，AI 当然无从知晓此类“活情况”，也要由主办会计提出并加以记录。

（3）发现“账实数量不符”，存货盘亏（盘盈）等情况，在查清原因、处理了相关奖罚措施之后，也需要随同调整会计账上的库存记录，确保“账账数量相符”。

（4）完全没有原始凭证，却因为会计准则允许，企业主观上也需要作某些账户调整。如资产减值损失、公允价值变动之类的，是否要调整、调整多少，在没有社会上可靠的大数据可资借鉴应用时，也要由主办会计决定。

（5）企业所得税汇算。由于涉及税收政策的弹性，有些项目调整最好由人工处理，有些企业还聘请专业事务所进行，汇算结果也形成特殊的调账需求。

……

当主办会计认为有必要时，就在如下的“主办会计调账信息表”（见表 4－4）中，按格式填写相关内容，读者从中可以看出来，这已经包含了记账凭证的主要内容，是主动直接的“人工示教”了。AI 一旦查到当前“会计年月”有这样的待调账内容，就会给出记账凭证编号，纳入全盘管理。同时，这也是充分应变的有效手段，一旦业务突发意外情况，可以先由主办会计直接编制记账凭证应付过去，以后再通过调整程序来完善。

表 4－4　　　　主办会计调账信息表

会计年月	序号	摘要	账户 1	账户 2	……	方向	金额	计量单位	数量

如果预计到某些调账需求会频繁发生，预先填好已经确定的部分内容，如已知要用到的账户，届时填写金额数量即可；也可以专题研究如何让 AI 将此纳入常规化的自动处理，以减少今后的人工示教工作量。

……

可见，对于记账素材，只有经过数据治理后，才有可能开始后续的财务数据“分类与变换”。数据治理的重要性，再怎么强调都不为过，这也为会计人员提供了在“前 AI”阶段的全新就业机会。不过，“数据治理”的工作内容相当繁杂，不胜枚举，每一家公司又各有其特点，这些工作没有多高的“技术含量”，只是该清洗的就清洗，该补缺漏的就补缺漏，该改制的就改制，“见招拆招”而已。所以，“重要的事情说三遍”，在再三强调“数据治理”的重要性以后，为避免冲淡学术性，下文不拟重复提及，实务中可以借助“任务管理清单”来确保所有该做的都做了。

4.5 “AI会计横向模型”或有过不去的坎

仅以上文所举的“同款货物有不同叫法”为例，从理论上来看，为什么记账素材需要经过“会计人员主导的数据治理”才能进入实用。

换一家公司，虽然还是那款货物，对照表（表4-3），还是那个格式，但会计主体变了，那款货物的“物料名称”可能也变了，供应商当然也随着变了，就会产生不同的物料名称组合。此时上一家公司的会计人员也无能为力，除了由新公司熟悉自身业务的会计人员来提供以外，别无他途！这意味着这些具体的数据内容是“独一无二”的，没有规律可循，无从学起！

即使把世界上所有关于该款货物的数据都收集齐全了，我们所掌握的，依然是很多很多的“独一无二”，从这“大数据”中还是看不出有什么可学的，更不用说把推断结果用于另一家公司了。也许您会想到，可以统计出其中最常出现的数据组合，要求所有企业统一照此办理。但请别忘了，会计只是“后台业务”，并没有要求本公司前台业务为此而改变的权利，更不用说“号令天下”的权利了。

这个物料名称的例子只是实务中微不足道的一个，还有很多别的例子，如固定资产编号只能依据公司的现有规定，部门名称只能依据公司的现有叫法……。可见，由会计人员主导的“对记账素材作数据治理”，是“AI 会计垂直模型”的必由之路。

从这个角度看，“大数据”学习方法在会计领域或有过不去的坎，那就是数据内容的“独一无二”。巧妇难为无米之炊，横向模型也好，垂直模型也好，AI 会计既是以自动“记账算账出报表”为使命，便必须从记账素材开始，直面具体的数据内容。笔者无法想象，生成式通用语言模型可以绕过这许多的“独一无二”，直接完成“记账算账出报表”的主旨使命。而如果绕不过，结局是不难想象的，只能沦落到由人出考题，它来快速回答的境地。问：“购进原材料若干，已付款若干，请编制会计分录”，答：“借：原材料　借：应交税费　贷：银行存款”。虽可博得满堂彩，学霸考试得 100 分，却连一家公司的账都做不出来！

第5章　财务数据分类设计

5.1　总分类账与明细分类账

经过数据治理后，记账素材转化为“信息表”，含有会计核算所要求的最基本的底层分类，如物料名称、费用类型等，是非常重要的。但有了最底层的分类还不够，还有个需要注意的会计上的习惯做法：

对于原始单据上以“品名规格”方式表现的货物名称，例如“浓硫酸”，本来已经够清楚了，会计在记账时还要不厌其烦地进一步描述，在前面加上诸如“原材料——化工原料——危险品库”之类的一长溜定义，最后才是“浓硫酸”，这怎么理解呢?

回想表4－2中“原材料进仓”和“支付货款”两个会计事件，就可以明白，这是会计信息元的要求，是会计描述事件特有的一种结构化表达方式，包含了财务数据的诸多分类特征在内。

在会计上，“原材料”“银行存款”“实收资本”等都称为“一级账户”，它们是关于会计业务最主要的“特征说明”，我们常说“总分类账”，意味着它们是最大的会计类别。一项会计业务要在两个或两个以上的一级账户中分别登记，通过有序的数据变换与数据流转，达到最后的核算目标，这就是复式簿记的要求。

一级账户分别代表某类事件，同时又不是孤立的，它们相互依存，共同构成一个完整的分类体系。由于一级账户所具有的“共性”，使得会计准则有可能分别不同的公司类型，来定义出不同的会计科目表（一级账户）。把记账凭证的流水记录按一级账户分门别类地放在一起，略去明细账户，就形成总分类账簿，根据总分类账簿，就可以编制利润表和资产负债表了，所以总分类账在财务数据分类中属于“最大的类概念”。当然也要指出，由于现金流量表是在会计循环定型后才提出的，单靠一级账户数据还不能确保现金流量表的编制，这是历史形成的，需要有其他编制方法。

在一级账户之下的，是“明细分类账”。每个一级账户下有多少明细分类账，分为几个层次，则往往与公司具体的个性化需求有关。设置明细分类的原因，大致有四。

一是为适应公司管理上的个性要求。例如上述的设“危险品库”分类，是实践中的一种常见做法，即将易燃、易爆和强腐蚀性等危险物品专门设库管理，以更严格的措施来确保安全。而为了便于库存盘点和对账工作，会计也对应地设置了这样的账户。当然，只有这样管理危险品的企业，才需要设这样的明细账。其他企业未必需要，但无论如何，总会有自己的其他个性要求。

二是迎合公司工艺技术方面的要求，在记录成本费用的一级账户（如生产成本、制造费用）之下，要密切地结合工艺工序特点，具体地设置明细账户，例如某种工艺会发生什么费用，这样才便于考察成本费用的发生点和发生类型，并研究其削减措施。读者以后会看到，管理会计的“现金流诊断”特别需要更多的明细分类。

三是满足外部相关利益集团管理上的要求。例如一级账户“应交税费”下，有二级账户“应交增值税”，在“应交增值税”之下，又有三级账户“进项税额”和“销项税额”等，这一类的细分，方便了税务机关统一查验增值税的需求。另外，企业往往还有为数不少的明细账核算，也是为了便于提交上级要求的统计报告而设的。

四是为编制现金流量表时便于取数而专门设置。

总而言之，会计是在一个预定的财务数据分类框架中来处理和记录会计事件的，一级账户在其中属于“关键字”之类，是怎么强调都不过分的。一级账户代表“共性”，“明细分类账”反映的是会计主体的“个性”。

5.2 会计账户树浅说

一个会计账户可以直观地表现为一棵倒置的“树”。以福建特产“乌龙茶”的划分为例，为了能够对库存商品按细节性的特征进行管理，至少要作如图 5－1 所示的 8 个层次的划分，每一层次都代表某种特征。顺着粗斜箭头方向读下来，就是“库存商品—成品茶—安溪产—铁观音—2021 年—23 批—10 千克—木箱装”，这才能唯一地决定某种商品。也就是说，有关茶叶商品的数据规范表现为如下所示的一个数据框架：

库存商品—商品大类—茶叶产地—茶叶品名—生产年度—生产批次—件重—件包装

履行“资产保护”，解释“经管责任”，是会计最为重要的天职。不同特征组合的商品，其价值可能是大不相同的，当然不允许随意置换。借助于分类而达到的“资产保护精细化”，如此细的特征管理，坚持会计库存账与业务库存账“两账并设”的模式，加上复式簿记强制性的解释要求，偷梁换柱或随意冲减库存的企图更加不可能。

不过，在实务中也常以“商品编号”来唯一地代表某种商品，这只是表面上减少了账户树层级，实际上在该“商品编号”的后面，仍然隐含着对该商品的诸多具体规定。也就是说，一提到该“商品编号”，其实已经综合规定了其必备的某些特征组合，所以两者是一致的，“商品编号”的做法并不妨碍会计履行资产保护职责。

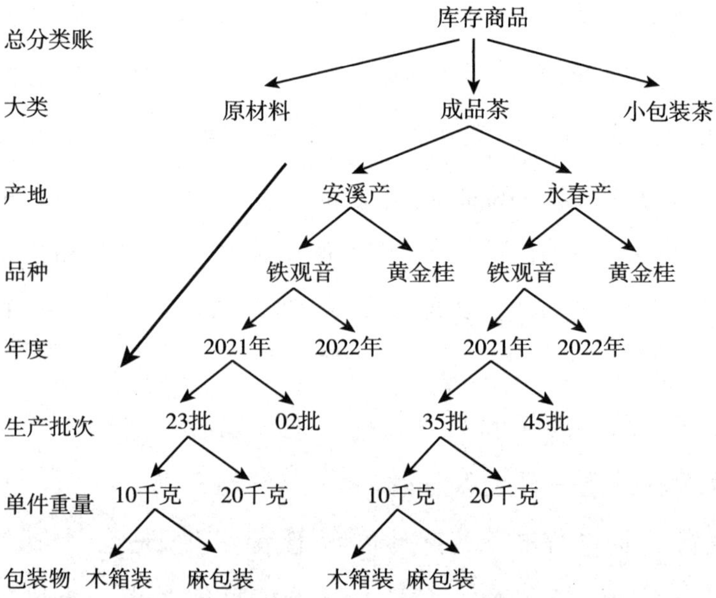

图 5－1　描述商品属性的账户树

5.3　账户的规范表达方式

我们首先要强调“会计是在预定的财务数据分类框架中来处理业务数据的”，理想的定制方式是，在 AI 会计编制记账凭证之前，就事先为它设置严格的要求：

在某个一级账户下，允许有几个二级账户；

然后在某个二级账户下，又允许有几个三级账户；

……

根据图 5－1 不难想象，每个一级账户及其下属的明细账户最终形成一棵倒置的“树”，一级账户是“树干”，通过规范的方式来“开枝散叶”，最底级的明细账户可理解为“树叶”。对所有的一级账户都如此设置后，就形成完整的账户体系，要求 AI 会计不走样地“照谱炒菜”。而且，既然这些是公司的主办会计事先给定的，当然代表企业的个性化数据需求，只要 AI 能遵从这样的要求来编出记账凭证，就满足了为公司“量体裁衣”的定制目标。实际上，公司的“科目明细余额表”已经暗含了这些需求，是可供参考的蓝本，可以通过对该表作必要的调整，来开始我们的账户设计工作。

财务数据分类是由主办会计设计的，目的是让 AI 会计在编制记账凭证时遵守，主办会计“如此这般”地表达，AI 会计“等因奉此”地执行，这样才能规范会计处理。所以垂直模型需要一种“约定”的表达，让人机双方都能“看懂”，互相沟通。我们先围绕“应付职工薪酬”来说明，怎么通过设置“账户表”来表达对财务数据分类的要求。

企业一般是每月月初或月度中即发放当月工资，“应发工资额”是由上个月的考勤、业绩等决定的。但每月要到月末才能计算本月产品成本，那么分配到产品上的，应该是由本月的考勤、业绩等决定的“应发工资额”。前后两个“应发工资额”之间当然是有差异的，设置“应付职工薪酬”账户，就可以用期初期末余额的变化来包容这个脱节。所以，下面两份记账凭证的“应付职工薪酬”金额一般是不一样的（只用一级账户表现），其差额就留在账户余额中了。

月初或月中发放工薪时：

应付职工薪酬

银行存款

月末把职工薪酬摊配到费用和产品成本上：

管理费用

销售费用

生产成本

应付职工薪酬

除了员工工资以外，社会保险费、住房公积金、工会经费和职工福利等相关业务也都在“应付职工薪酬”中核算，“应付职工薪酬”的账户树可以用一个“账户表”来规范表达如下（见表 5－1）。怎么解读这个表的内容呢？

“一级码”就是会计准则给出的“科目编码”。从“账户 1”（一级账户）开始，账户表采用“条后接表名，表名下列出明细项”的表达方式，逐步地“开枝散叶”，形成树状。在本例中，从左到右地看，账户 1“应付职工薪酬”这一条之后接了个表名“应付薪酬大类表”，表名下列出了它所管理的明细项，“账户 2”这一列都是二级明细账，有“员工工资”“社会保险费”“住房公积金”直到“非货币性福利”为止计 7 种。再看账户 3 这一列，在“员工工资”这一条之后接了个表名“员工工资明细表”，表名下计有“工资”“奖金”和“年终奖”等计 3 种，在“社会保险费”这一条之后接了个表名“社会保险费明细表”，表名下计有“基本养老保险”“基本医疗保险”等计5种，整个账户树中，上级与下级的关系按照规范，表达得一清二楚，最低级的明细项可以形象地称为“树叶”，这就是我们所要求的财务数据分类的规范表达方式，也是预定的财务数据分类框架。

表5－1　　应付职工薪酬的规范表达

一级码	账户1	账户2	账户3	账户4	外挂
2211	应付职工薪酬	应付薪酬大类表			
		员工工资	员工工资明细表		
			工资		
			奖金		
			年终奖		
		社会保险费	社会保险费明细表		
			基本养老保险		
			基本医疗保险		
			失业保险		
			工伤保险		
			生育保险		
		住房公积金			
		工会经费			
		职工福利			
		辞退福利			
		非货币性福利			

5.4 “账户本体表”与“外挂底层表”

“应付职工薪酬”这棵账户树是“树叶”不多的，虽然在账户2一栏中明细账户断断续续的，还是可以一目了然，不会影响我们的直接观察。不过，一旦某个明细表下的树叶很多，就可能会影响到我们的总印象了，表达方式最好有所改变。

举个实际例子吧，表5-2是某企业的原材料账户表，正在填写中而尚未完成。假设在“主要材料明细表”下，有100种主要材料，在“包装材料明细表”下，也有60种包装材料，如果都分别填写进去了，那么当我们想知道原材料共分为几个大类时，在账户2这一列里，从“主要材料”这一行开始，要往下经过161行后，才能看到最后的一个大类“燃料”，那时可能又忘了前面还有几个大类了！

所以，针对底层明细表里“树叶”很多的情况，可以考虑采取“底层表外挂”的方式，即在账户表上标明有这么一个“底层表”，具体的树叶内容则“外挂”，另行表现。这样，账户树就分为两大部分，不含“外挂底层表”树叶的主要部分，我们称之为“账户本体表”，以及附加的“外挂底层表及其树叶”部分。本体表与底层表之间，需要专门设个“外挂”栏，来表明它们的相互连接关系。

如果某个一级账户需要外挂底层表（如“原材料”），我们约定，该一级账户下所有底层表都存放在以“一级码”为表号的数据表中（如原材料一级码是“1403”，数据表号也是“1403”），数据表名就是“账户 1”+后缀“外挂表”（如“原材料外挂表”，参见表 5－3），然后在“主要材料明细表”、“周转材料明细表”、“燃料明细表”的“外挂”栏分别标明其顺序号 1、2、3 等，分别代表它是第 1 个外挂的底层表，第 2 个外挂的底层表……接下来就可以填写各“底层表”的具体明细项内容了。两者之间在“外挂”栏里共同的顺序号是它们相互联系的接口。这样，会计人员设计账户表时，主次分明，看起来很清晰。对机器则影响不大，因为随时可以借助于“外挂”栏数值将两者合并，还原回来，这样既有助于确保账户本体表的简明，必要时又可以看到底层表的具体内容（树叶）。

表 5－2　　账户本体表中的原材料

一级码	账户 1	账户 2	账户 3	账户 4	外挂
1403	原材料	原材料大类表			
		主要材料明细表			1
		周转材料明细表			2
		燃料明细表			3

表 5－3　　原材料外挂表（数据表 1403）

外挂	物料名称	计量单位
1	旧玻璃	吨
1	石英砂	吨
2	托盘	个

续表

外挂	物料名称	计量单位
2	托架	个
3	重油	千克
3	煤	吨

一级账户如果需要外挂表的话，可以根据其性质设计不同的内容，如“原材料外挂表”中，“外挂”表明当前物料名称与它所属的上级明细表的对接关系。如旧玻璃的外挂数值是1，从账户本体表可知它属于“主要材料明细表”。“计量单位”是指要登记在会计账上的标准计量单位。

账户树是形象的理解，只有树干而没有树枝和树叶的情况也是存在的（如库存现金一般没有明细账户），还有一种情况是没有树枝，树干上直接长树叶的。“账户1”后接的表，主办会计不想让它再有“树枝”明细分类，直接就是“树叶”内容。请见表5-4和表5-5，“账户1是“应收账款”，“账户2”就是“对方名称明细表”，这时在“数据表1122”中只有一个外挂底层表。我们约定，对于这样的分类设计，在“一级码”所在的这一行“外挂”栏标上“0”，意味着有外挂表但没有细分的底层表，外挂表的格式也有所不同，不设“外挂”栏了。这样的表达方式下，对于主办会计有个“福利”，即在出现全新的客户时，AI会计能够自动更新“对方名称明细表”，不会要求主办会计人先指定这个新客户是在哪个外挂底层表里，因为这时外挂表是唯一的，无须选择了。对于“应收账款”“应付账款”等客户频繁变化的情况，强烈推荐采用这一方式，避免“自找麻烦”。

表 5－4　　账户本体表中的应收账款

一级码	账户 1	账户 2	账户 3	账户 4	外挂
1122	应收账款	对方名称明细表			1

表 5－5　应收账款外挂表的结构（数据表 1122）

对方名称

在账户本体表尚未提及的，还有成本费用类账户以及一个“费用类型配置表”，因与成本费用的处理有关，我们将在“财务数据变换设计”中说明。

第6章　财务数据变换设计

6.1　正负记账法与复合金额

本模型有必要引入两个预备知识，即“正负记账法”与“复合金额”。

在AI会计核算过程中，我们采用“正负记账法”，基本表述形式是：

银行存款　+10000

实收资本　-10000

读为“正记”银行存款10000元，“负记”实收资本10000元。机器不需要理解，只知道执行，这是最适合于AI会计的复式簿记。至于读者，理解时只要知道“正就是借，负就是贷”，继续去玩“有借必有贷，借贷必相等”可也。当然，若确有必要，也可以将AI会计编制的“正负记账法”表达，转换为“借贷记账法”表达。

我们考察简化了的“记账凭证一览表”（见表6-1）。编表规则是：每一横行代表一份记账凭证的主要内容，其代数和为零。从第三列开始，右面每一列代表一个账户，其列代数和为该账户的当前余额，所有列代数和的横向合计数当然也为零。而且，在计算每个账户的当前余额时，只要直接求其代数和就完成了，账户余额及其方向都是现成的，机器的处理也就达到了高度简化，对于会计人员而言，“有正必有负，正负必相等”，而且所有的会计处理一览无遗，好处也是不言而喻的。

表 6－1　　记账凭证一览表

编号	摘要	银行存款	原材料	产成品	实收资本	本年利润	生产成本	营业收入	营业成本
①	投资	+1000			－1000				
②	购料	－900	+900						
③	投产		－700				+700		
④	交库			+600			－600		
⑤	销售	+700						－700	
⑥	结转			－500					+500
⑦	配比					－200		+700	－500
	合计	+800	+200	+100	－1000	－200	+100	0	0

所谓复合金额，是“记账符号赋值”（+1/－1）与“原始金额”的乘积，可有如下不同的组合（见表 6－2）。

表 6－2

记账符号赋值	原始金额	运算	复合金额
+1	金额为正	正正得正	复合金额 >0
+1	金额为负	正负得负	复合金额 <0
－1	金额为正	负正得负	复合金额 <0
－1	金额为负	负负得正	复合金额 >0

设有一账户记账符号为“－1”，金额为－500，即常说的“贷方红字”，那么其复合金额是：

$(-1) \times (-500) = 500$

有此概念，可望避免难以清晰表述的情况，特别是用于现金流量表的自动编制时，表达起来甚觉方便且不易误解。

6.2 记账凭证是“分类与变换”的载体

从“财务数据分类与变换”的角度来考察明细级记账凭证，可以看到记账凭证的每一条流水记录，要遵从主办会计在“财务数据分类设计”提出的要求，通过从一级账户直到最底级明细账户毫不脱节的结构，明细账加起来就是总账，一次做到最底级就什么都有了。

也可以看到，复式簿记本身就是财务数据变换的工具，一份记账凭证中的所有流水记录金额正负相抵，其结果是有的账户金额由多到少，同时另一些账户金额由少到多，完成财务数据的局部变换。

而全部明细级记账凭证的总集合，就完成了财务数据变换的总要求。

所以，明细级记账凭证就是全过程不走样地“财务数据分类与变换”的集中载体，这是我们对会计核算的重新体会和重新表达。

6.3 制造业的物料变换

企业内部的某个环节消耗大量资源后，提供了某种产品或服务，是最常见的运营形式。这里发生的转换，从“消耗的成本”到“收回的产品/服务收入”，都是“财务数据的变换”所要跟踪反映的。按会计人员的要求建立了预定的财务数据“分类”框架之后，还需要表达我们预期财务数据如何在类与类之间“变换”，经过变换后，又想得到什么结果。

总分类账层面的数据变换大致上由会计准则决定了（例如收入费用类账户余额都结转到本年利润），有“主控程序”管着这事，企业的主办会计并不需要对 AI 提出具体要求。但至今还没有展开说明的，是财务数据在“内部流程”中的变换，即财务数据在企业生产经营账户中如何变换。由于生产工艺、经营特点和管理要求等各不相同，表现为极强的个性化，会计准则无法逐一涉及，所以表达财务数据在企业内部应该如何变换，就是主办会计的重要职责所在了。

我们以制造业为例来说明，在制造业公司内部，物料不断地发生着错综复杂的变换，也意味着财务数据性必须追踪这个过程作相应的变换。大致而言，物料可能发生如下的各种变换：

物料改变性状后重新成型。如熔窑工业的原料石英砂、废玻璃等经高温熔化后，重新成型，产出平板玻璃或玻璃瓶等产品。再如塑料切片经注塑机加热挤出后，注入各种模具而成为预定的各种塑料制品。

物料经过化学反应，变换为其他化工产品。如在氯碱工业，饱和食盐水经电解后，释放出气氢和气氯，留下的溶液就是以氢氧化钠为主要成分的“电解母液”，这就变成性质完全不同的三种化学品。

物料经过机床加工、锻造等工艺之后，充分改变了原有的形状。

不同物料经过打螺丝、拼装、焊接等工艺之后，合并成为新的物料。

……

我们将每个变换视为一个环节，从最初的原材料开始，到最终的产成品为止，要经过至少一个，通常是多个的“变换”过程。例如，“炉窑熔炼铁水浇铸成型”是从铁矿石或废铁到产出铸件的变换，“切削铸件”是从毛坯到零部件的另一种变换，“零部件装配成整机”又是从零部件到整机的最后变换。

那么前后不断接续的“变换”，就形成了一条“变换路径”。更进一步，经过某一种变换之后所得到的物料，可能同时有多个去处，分别进入不同的变换环节，因了这种“共享”，变换路径与变换路径之间又建立起错综复杂的关系。

所幸的是，物料的实际变换及其走向，往往是肉眼可见的，或借助于管道、传送带、仪器仪表等可以感知到的，这就是制造业的“原型图像”。作为起点，在我们将要引入成本核算导致复杂化之前，请读者充分理解并切记这个原型。

6.4 “账户本体表”上的成本费用账户

企业生产经营活动需要消耗资源，为了全面核算资源耗费，会计上是用成本费用账户来对应于各种需要资源投入的实际环节，用账户与账户之间的金额转移来“映射”生产制造过程中的实物运动变化，最终从“库存商品”转化为“主营业务成本”，并与“主营业务收入”配比，来实现“财务资产保持”和“经营的财务成果”核算。

对于单个变换环节，会计上是用一个账户来与之对应的，如用“生产成本－铸造”来归集浇铸时的耗费，用“生产成本－机加工”来归集切削时的耗费，用“生产成本－总装”来归集装配时的耗费。这样的账户代表着一个“现金池”，账户的“期初余额”代表现金池的期初存量，“本期增加”代表现金池的本期流入量，“本期减少”代表现金池的本期流出量，“期末余额”代表现金池的期末存量。这样，公司内部的物料变换，无论是按过程划分的原材料、在制品、半成品和最终产成品，还是从形态上划分的固体、液体和气体，都抽象为完全一致的“现金池”形式，通过现金池来反映该环节所消耗的资源，有助于我们形成“以不变应万变”的认知。换言之，用一系列账户来追踪描述物流的实际变化，把所有的费用开支，以及相互之间的变化，都详细地记录下来，就是实际成本核算的基本要求。这些常用的账户是：

代表起点的：原材料、现金、银行存款等（支付生产开支）

代表生产过程的：生产成本（辅助生产、基本生产、自制半成品）、制造费用等

代表终点的：库存商品

成本核算过程因此表现为：金额顺着预定的方向，连续地在账户与账户之间的“汇总、摊配、再汇总、再摊配”的行为。通过成本核算，在某一特定期间结束的时点（如月末）上，可以知道各账户在该期间的流量（发生额），以及在该时点上的存量（期末余额），这就极好地迎合了对生产过程的“在时间上不断继起，在空间上同时并存”的状态描述，所有的资源投入都在账户中计量清楚了，才能够“以收抵支”，保持原有财务资本的完整无缺。

在第5章“财务数据分类设计”中，我们尚未涉及成本费用账户应该在“账户本体表”中如何表达。这也是因为“预期的变换决定了预定的分类”，把实际成本核算作为一个专题来综合说明，可能更清晰些。成本费用账户大致作如下分类（见表6-3）。

表 6-3　　账户本体表上的成本费用账户

一级码	账户 1	账户 2	账户 3	账户 4	账户 5
6601	销售费用	费用类型配置表			
6602	管理费用	费用类型配置表			
6603	财务费用	费用类型配置表			
5101	制造费用	费用类型配置表			
5001	生产成本	生产成本大类表			
		辅助生产	辅助生产类别表		
			劳务 1	费用类型配置表	
			劳务 2	费用类型配置表	
			劳务 3	费用类型配置表	
		基本生产	基本生产环节表		
			变换 1	费用类型配置表	
			变换 2	费用类型配置表	
			变换 3	费用类型配置表	
			变换 4	费用类型配置表	
		自制半成品	半成品明细表		
			半成品 1		
			半成品 2		

对于“生产成本”账户设置，一般先分为“辅助生产”和“基本生产”两个大类。然后在“辅助生产”下设置提供“劳务/物料”的各种费用点，我们用“劳务 1”“劳务 2”等来抽象代表。在“基本生产”下设置物料变换的各种生产环节，我们用“变换 1”“变换 2”等来抽象代表。实际上，这只是为了表述上的通用性，会计人员只要想想本企业的实际情

况，例如辅助生产下有“供水”“供电”“供汽”和“机修”等，“基本生产”下有“熔铸”“铸件金加工”和“整机总装”等，分别“代入”以后，就是鲜活可以感知的公司个性化图像了。此外，对半成品专设仓库管理的，还要设置“自制半成品”。

为了工作中的可操作性，还要引入“费用点”和“费用类型配置表”这样的两个概念。

6.5 “费用点”的概念

在生产经营中，各类实体的活动会导致费用的产生。会计上是用账户来归集相关的实体活动的，例如用“管理费用”来归集行政管理部门所发生的费用，用“销售费用”来归集销售部门所发生的费用，等等。这些用来归集“相关实体费用”的账户，就是费用的归属点，可简称为“费用点”。关注费用点的目的，在于能够正确地归集公司所发生的各种费用，确保实际成本核算的准确性。

在账户本体表上识别“费用点”的方法很简单，凡是在其右边挂接了一个“费用类型配置表”的，或者反过来说，凡是“费用类型配置表”左边的账户，就是费用点。费用点大致有以下几种情况。

首先，管理费用、销售费用和财务费用等，常称为“期间费用”的一级账户，从本质上就是费用点。

以管理费用为例，其下属的一些管理部门，如总经理办、财务部，等等，这些部门因工作需要而产生的各种费用，都要归集到管理费用这个费用点下。销售费用也类似，不再重复。财务费用则是与银行业务相关的一些费用。这些费用点在完成其费用归集任务以后，根据会计准则的要求，在期末一次性地结转到“本年利润”账户。所以，会计人员只要关心要按什么明细分类来归集费用，而那是下一节“费用类型配置表”要介绍的事了。

其次，生产成本的费用点如何确定。

第一，“基本生产”下，以物料变换环节作为费用点。在企业，特别是制造业公司内部，物料不断地发生着错综复杂的变换。在这些环节上，是需要投入资源的。在“生产成本”的“基本生产”账户下，就要为这些实物变换的原型环节分别设立费用点，以便核算在某个实物变换环节共消耗了多少资源，将来才有可能进一步分析该环节的变换效率如何，是否有可能提升。

因此，会计人员要认识并关注物料的“变换”本身，因为这才是我们要掌握的“原型”。至于从工艺上是怎样达成这些变换，是谁在具体完成这些变换，等等，对于诸如此类的细节，能顺带地有所了解当然好，但切记不要过于深入地关注，以免喧宾夺主，反而不知道自己该做什么了。

第二，“辅助生产”下，一般是以辅助生产部门所提供的不同种类劳务，各作为一个费用点来分别归集费用的，如供电、供热、供水、机修，等等。

最后，“制造费用”。制造费用归集生产现场发生的间接管理费用，具体如生产计划人员薪酬、检测费用和办公费用等。根据实际情况，可以将全公司的制造费用作为一个费用点，也可以按自然划分的生产管理机构作为费用点，如事业部、车间等。

6.6 费用类型配置表

费用点解决了某项开支该由谁来承担的问题，但还有个问题，某项开支是什么类型的费用，在会计分析上也很重要。例如，这项开支在会计上是薪酬费用、差旅费用，还是原材料费用，等等，可简称为“费用类型”。

费用点与费用类型的关系是交叉的。一方面，同一个费用点可能发生多种的费用类型，如差旅费用、水电费用，等等。另一方面，同一种费用类型也可能分别产生于多个费用点，如所有部门都有人出差，都会有差旅费用，等等。因此，两者之间是相互独立的关系，可以表达如“费用类型配置表”（见表6－4），会计人员可以依据企业的个性化特点，为每个费用点配置相应的费用类型，这样既遵从了公司的会计核算习惯，又是AI会计账务处理的依据。

表 6-4　　费用类型配置表

费用类型	管理费用	销售费用	制造费用	劳务 1	劳务 2	变换 1	变换 2	变换 3	……
差旅费用	1	1	1	1	1	1	1	1	
薪酬费用	1	1	1	1	1	1	1	1	
材料费用				1		1	1	1	
水费	1	1	1	1		1	1	1	
电费	1	1	1	1		1	1	1	
通信费用	1	1	1	1		1	1	1	
设计费用	1								
……									

表 6-4 中左边第 1 列的“费用类型”是逐步增加地整理出来的，编制过程如下：

企业都会有面向个人费用报销的记录，每一笔开支由报销人说明是什么开支内容，如住宿费用、出差补贴、市内交通费，等等，这些都是原始的业务内容，极为繁杂，但也最有代表性，姑且称之为“费用项目”。机器通过查重，过滤出唯一表达的一组“费用项目”，会计人员需要为过滤出来的每一项原始费用项目，用会计上预定的“费用类型”来与之对应。例如，“原始的费用项目”是“住宿费”，在“费用类型”就可以填写“差旅费用”。这样一行行地对应下来，可以归纳出我们要用在记账上的“费用类型”。对照过程中，前面已经用到的费用类型，就不必再归纳了，直接复制粘贴下来就可以了。最后形成“费用项目费用类型对照表”，如表 6-5 所示，以后才能规范地记到会计账上。

表6－5　　费用项目费用类型对照表

费用项目	费用类型
住宿费	差旅费用

完成了这一对照表的编制后，也就归纳了相当多的会计上可用的费用类型。通过计算机把对照表中的费用类型查重过滤后，就得到唯一表达的一组“费用类型”，可以作为“费用类型配置表”左边第1列最初的内容。

1. 配置“管理费用”费用点下的费用类型

从账上清理出“管理费用”下常用的费用类型，配置时，凡是“费用类型”栏已经有的，直接在“管理费用”栏该费用类型行标“1”就可以了，凡是费用类型栏还没有的，先填写在“费用类型”栏（表6－4第1列），然后在管理费用栏打上标志“1”。最后在“管理费用”下，所有标志为“1”的单元格，表明该费用点可能发生该类型的费用。

2. 配置“销售费用”费用点下的费用类型

从账上清理出“销售费用”下常用的费用类型。配置时，如果某一费用类型在“费用类型配置表”上已经有了，在“销售费用”栏该费用类型行直接打上标志“1”即可，如果在

“费用类型配置表”还没有，先在“费用类型”栏填写，再在销售费用栏该费用类型行打上标志“1”；

……

这样持续进行的结果，某种费用类型可能发生于哪些费用点，某个费用点下可能有哪些费用类型，从“费用类型配置表”上可以观察得很清楚，每个费用点下的费用类型，同时也是全部费用类型的“子集”，所以在账户本体表上，每个费用点的右边，可以简明地统一标注为“费用类型配置表”，AI 会计自然会根据各该费用点下的费用类型配置，分别把账记好的。

6.7 如何在费用点归集费用

费用发生时往往与具体的部门相关，如总经理办、财务部等行政管理下属部门分别报销费用开支，这些部门形成的费用理应归属到“管理费用”费用点下，销售部门的差旅费用理应归属到“销售费用”费用点下。

不过应当说，不是只有部门才会产生费用，例外的情况也是有的。例如“机器人工作站”可能连个人影都见不到，叫“部门”似乎不太适合，却也照样会产生资源耗费。也有些资源耗费与部门无关，例如设备从油罐直接抽取油料进入生产过程，而不必经过某个具体“部门”的领取。所以较为严谨的说法是：“部门/工序”会产生费用。为简明起见，我们将“部门/

工序”都统称为“部门”，所以在下文不妨广义地理解部门，即它还含有“工序”的意思在内。

一个费用点有多个部门，归属于某个费用点的部门，其费用开支当然也要记到该费用点的账上。为了解决信息脱节，会计人员需要填写“部门费用点对照表”（见表6-6），指明某个部门归属于某个费用点，从而AI会计才有可能把林林总总的费用明白无误地分别划归到不同的费用点上。

表6-6　　部门费用点对照表

部门	所属的费用点

具体的过程是，将机器查重过滤出来的部门名称填写在“部门”栏，然后将所有费用点组成菜单，要求人工示教，会计人员为每一个“部门”匹配上“所属的费用点”，就完成了。

6.8 在费用点之间的成本摊配

先说说财务会计下的成本核算过程，财务会计采用“制造成本法”，基本要点是：

管理费用、销售费用和财务费用属于期间费用，不作为产品成本的组成部分。它们作为独立的费用点，在归集了相关费用后，期末全额结转到“本年利润”账户，就完成了其变换过程。

至于生产成本和制造费用，其实际成本将作为产品成本的组成部分，这些账户下的各费用点，首先是“谁家的孩子谁抱走”，即各费用点归集了属于自己的费用类型，然后就该开始产品成本核算，这是一个在费用点之间不断摊配费用的过程。

如果企业在生产过程中，对某些自制半成品设专库验收保管的，在“生产成本”下就还要有个“自制半成品”大类。自制半成品是某个生产环节的产出品，并不直接归集费用，所以不会出现在“部门费用点对照表”中。但它既然是某个生产变换环节的产出品，也要承受该费用点摊配来的费用。领用出仓时，也要依据半成品领用数量向其他费用点摊配费用，可以视为一种特殊的“费用点”。

首先要研究费用点之间是否存在物料/劳务的“提供/承受”关系，例如A生产环节的产出品被B生产环节所领用了。如果存在这种预定关系的话，处于上游的“提供方费用点”就有理由把自己已经归集的费用（扣除了盘存部分后），按受益比例分别摊配给处于下游的“承受方费用点”；承受方费用点承受摊配后，又有理由如法炮制，把自己已经归集的费用（扣除了盘存部分后），继续按受益比例往下游费用点摊配……直到核算出最终产品成本为止。这就形成了预定的成本摊配顺序，是有规律的数据变换过程。

举个实例，设本月供电车间发生的总费用200000元，从计量中心取得各用电部门的电度用量，以用电数量作为供电车间费用的分配标准，计算如表6-7所示。

表 6－7　　　　供电费用摊配计算表

用电部门	电度数量	金额/数量	金额
供水车间	500		1000
供汽车间	1000		2000
变换环节 1	50000		100000
变换环节 2	48000		96000
行政部门	500		1000
合计	100000	2	200000

根据表 6－7 的计算结果，编制费用摊配的记账凭证如下；

生产成本－辅助生产－供水车间－接受供电车间摊配　+1000

生产成本－辅助生产－供汽车间－接受供电车间摊配　+2000

生产成本－基本生产－变换环节 1－接受供电车间摊配　+100000

生产成本－基本生产－变换环节 2－接受供电车间摊配　+96000

管理费用－接受供电车间摊配　+1000

生产成本－辅助生产－供电车间－已摊配金额　-200000

这里的“接受供电车间摊配”是自动启用的明细账户，作为“费用类型”，代表本费用点所耗的“电费”，在需要时可以据此追踪到供电车间的费用类型构成，便于以后的分析。“已摊配金额”也是自动启用的明细账户，把减少额都记在这个明细账户上，可以让供电车间所发生的费用类型都原封不动地保留在账上，却能让供电车间费用点的余额总量为零（或只剩盘存金额），这同样是为了便于以后的分析。

编制出这一份摊配的记账凭证后，相关的各用电部门接受了本费用点应当承担的电费，供电车间所归集的费用也清零了，完成了供电车间这个费用点对下游的摊配。

6.9　编制“费用摊配顺序表”

要满足会计人员预期“财务数据变换”的个性化需求，让 AI 会计能够遵照执行，需要建立具有可操作性的表达规则。上节以供电车间为例，说明单个费用点如何向下游摊配费用。但企业的费用点有很多，如何让 AI 会计可以连贯起来持续进行摊配工作呢?

对于企业内部的“财务数据变换”，会计人员需要事先厘清以下个性化的内容。

（1）费用点之间应该如何按一定的顺序来进行费用摊配。即哪个先摊配，哪个后摊配；

（2）如何计算“待摊配费用点”要向下游摊配的金额。该费用点上所归集的费用，扣除了月末盘存金额（若有的话，这部分留在本费用点而不向下游摊配），就得到待摊配金额；

（3）待摊配金额要依据什么摊配标准向下游的“承受费用点”转移。

在厘清上述问题的过程中，会计人员可以通过设置“费用摊配顺序表”（见表6－8）的相关表式和参数，描绘这一段“财务数据变换”的来龙去脉，以便AI会计据此全过程、全自动地执行成本核算任务，这就是企业内部的“财务数据变换设计”。

表6－8　　费用摊配顺序表

序号	待摊配费用点	摊配表式	摊配表名	存量类型	存量规定	子程序

关于“费用摊配顺序表”的填写，大致可分为如下几个问题来分别说明。

1. 如何确定摊配顺序

“费用摊配顺序表”的序号就表达了这种先后关系，但会计人员不必填写这一栏，只要按自然顺序填表就行，在定稿提交后，AI会计运行时会自行标注顺序的。这样做，可以便于主办会计在设置时不断调整摊配顺序。

在“待摊配费用点”栏，首先要摊配辅助生产下的费用点。其中，提供普惠性劳务的、受益面较广的费用点要先行摊配，如供电、供水、供暖、维修等费用点，大多数部门都会受益。在这些费用点中，归集金额大的又要先行摊配。这两个原则综合起来说，就是“面广金额大”的费用点要先行摊配。实际做法是对费用点进行两两比较，来确定谁先谁后的。例如，供电和供水都是普惠性的，受益面都很广，但供电归集的金额较大，供水归集的金额较小，从尽可能限制误差的立场（下文“避免交互摊配”将专门说明），供电要先行摊配，供水在后。至于受益面较窄、或金额较小的辅助生产费用点，就可以在顺序表中稍后摊配。

其次是“基本生产”下的费用点。在充分理解了本公司的生产过程后，各费用点所对应的实物变换环节，其产出品大多是肉眼可见的，或借助于管道、传送装置和仪器仪表等可以感知其流向的，费用点的上下游关系也就大致清晰，其摊配顺序较易于确定。基本原则是最上游的费用点先行摊配，下游的费用点承受摊配后，自身又作为上游而向下游摊配……直至完成。其中，相互之间没有上下游关系的费用点，那就谁先谁后都可以随意设置了。

最后还有制造费用摊配。从理论上说，每个费用点属下的产品都是其管理工作的“受益方”，所以在最后环节要将制造费用按其属下产品成本总额的比例摊配到各产品上。

2. 如何确定待摊配金额

每个费用点的“待摊配金额 = 当前归集的金额 - 盘存金额”，所以要考虑是否有盘存金额。

在“费用摊配顺序表”中有“存量类型”栏，用于说明当前费用点是否可能有盘存，如果可能有盘存，“存量类型”

栏目前有三种类型，分别在“存量规定”中具体表述。

（1）实际盘存。在“存量规定”则填写相关的盘存表名。盘存表格式如表6－9所示，月末实际还有多少存料、在产品等，分别在“盘存项目”栏表现，其估计的单位成本乘以盘存数量就得到盘存金额，从费用点归集的金额中扣减盘存金额的合计数，就得到待摊配金额。

表6－9　　　　实际盘存表格式

盘存表名	序号	会计年月	盘存项目	单位成本	盘存数量	盘存金额
合计						

（2）固定金额。有些生产过程中，月末盘存量是基本不变的（最典型的是内部空间固定的熔窑，只要不停产，窑内的熔浆量大致不变），这个固定金额代表一种“铺底数”，每个月都是如此。在“存量规定”栏写出要留存的金额。如果当前费用点没有盘存金额，作为一个特例，可以在金额栏填写为0。

（3）固定比例。意味着假设留存部分占当前待摊配费用点余额的一定百分比，在“盘存规定”栏写出具体的留存比例，如0.10。

3. 按受益比例将“待摊配金额”摊配给下游费用点

“待摊配费用点”所对应的“变换环节”提供了可以计量的产出，例如供电车间提供电、供水车间提供水、生产环节提供其具体的产出品，等等，那么下游的“承受费用点”应当按“受益的大小程度”来分摊其费用，也就顺理成章了。只不过，当其产出品是两种或两种以上时，要分别确定其“受益的大小”，可能就不那么直接了。例如，产出品是同一品名，但尺寸规格不同的，要先折算为“标准产出量”。产出品完全不同质的，要根据工艺技术的理论计算……，这就需要会计人员对本企业生产经营有所了解，提供具体的算法或做法。

在“成本摊配顺序表”中有“摊配表式”和“摊配表名”两栏，“摊配表式”栏说明当前待摊配费用点所适用的表式，共有 4 种表式，“摊配表名”则填写具体的摊配表名。

（1）“常规摊配”表式（见表 6－10）。这是最常用到的，下游费用点按受益数量直接承受摊配的表式，在“摊配表名”栏填写具体的摊配表名。所有相同表式的摊配表都存放在一起，借助于“摊配表名”和“会计年月”的不同来区分出具体的每一个摊配表内容。

表 6－10　　“常规摊配”表式

摊配表名	序号	会计年月	承受费用点	计量单位	数量

（2）“定比摊配”表式（见表 6－11）。每月的摊配比例是固定不变的，往往适用于多个下游费用点分别按固定比例承受

上游费用的情况。实际例子如，原化工部会计司曾对氯碱工业作出统一规定，在电解食盐水的联合成本中，气氯要分摊60%，气氢分摊4%，氢氧化钠分摊36%。作为一个特例，当由单一的下游费用点全额承受时，“分摊比例”可以填写为1（即100%）。在“摊配表式”栏选择“定比摊配”，在“摊配表名”填写具体的表名。由于摊配比例是每月固定不变的，所以不需要有“会计年月”栏。

表6－11　“定比摊配”表式

摊配表名	序号	承受费用点	分摊比例

（3）“产出品折后数量摊配”表式”（见表6－12）。完工产品进仓一般是按实际交库数量计算摊配比例的，但有时要先根据“折合系数”对“交库数量”作一定的折合，然后以“折后数量”作为计算摊配比例的依据。在“摊配表式”栏选择“产出品折后数量摊配”，在“摊配表名”栏填写具体的表名。其中，“交库数量”不宜直接参与计算摊配比例的，要为其确定大于或小“1”的折合系数；“交库数量”可以直接参与计算摊配比例的，折合系数定为“1”就行了。以下试举两个实际案例。

某种同类产品，虽然计量单位都相同，但因为尺寸不同，所耗用的原料等资源数量大小不同，需要对各种尺寸产品分别给出一个“折合系数”，折合为“标准产品”的数量后，再据以计算摊配比例。例如，塑料厂生产大、中、小三种塑料桶，经工艺测算，分别给出 1.2、1 和 0.8 的三种折合系数，三种产品的“交库数量×折合系数”，即“折后数量”才是标准的数量，可据以计算摊配比例。这种情况下，“承受费用点”栏里就是完工交库的产品名称。

某个费用点所对应的原型变换环节有出多种产出品，其计量单位也不尽相同，需要对每一种产出品分别给出一个“折合系数”，然后依据“交库数量×折合系数”计算摊配比例。例如，氯碱工业的中间产品“气氯”可作为糖精、农药、液氯等多种产出品的原材料，而各种产出品的计量单位又各不相同，经工艺测算，分别给出其“单位产品耗氯系数”，即每单位产品要耗用多少气氯，这就具有可比性了，各自的产出品经过“交库数量×单位产品耗氯系数”折合后，才可以用“折后数量”来计算摊配比例。

表 6－12　“产出品折后数量摊配”表式

摊配表名	序号	会计年月	承受费用点	计量单位	交库数量	折合系数	折后数量

（4）“半成品出仓”表式（见表 6－13）根据具体的“半成品名称”和“会计年月”，区分出每一份“半成品出仓表式”。

表 6－13　“半成品出仓”表式

半成品名称	会计年月	承受费用点	计量单位	数量

“费用摊配顺序表”是一次性设置完成的。项目投入运行后，每个月只要顺着这个设置表的顺序，分别为有业务发生的表式取得具体的数据，并填写当月的“会计年月”，AI 会计就能全过程地自动处理了。整个过程可用“汇总、摊配、再汇总、再摊配……”来总结，具体表现为待摊配费用点从上游到下游，账户与账户之间“没有实质性差别”的金额流动。此时，从会计人员的角度观察，参与变换的是什么物料，其物理性状是什么，其化学特征是什么，等等，已经不再重要，已经被提炼到“视若无物”的境界了，这就是会计账户的神奇之处！

总而言之，“费用摊配顺序表”为 AI 提供了财务数据在企业内部变换的工作指南，从序号为 1 的“待摊配费用点”开始，根据会计人员设置好的具体细节完成相关计算，编制向下游摊配的记账凭证，接着是下一个“待摊配费用点”，……这个财务数据变换过程，要一直进行到计算出产品成本并验收交库为止。

如果还有超出上述归纳范围的其他要求，可以在表外另行表达，在“费用摊配顺序表”有一栏“子程序”，就是用来应变的。举个实际的例子，上述几个摊配表式并不能适用于“制造费用”的摊配。因为制造费用一般是以各产品当前所归集的

“成本金额”作为摊配比例的，而不是以数量作为摊配比例，这成本金额还只能从会计的“记账凭证流水表”取得和整理。显然，最理想的方法就是开发一个专用的小程序，让它自己去取数并计算摊配比例，编制记账凭证。把这个小程序名挂在“子程序”栏里，AI运行到“待摊配费用点”是“制造费用”时，自动调用这个小程序就可以一气呵成地完成了。

完成了“费用摊配顺序表”之后，也就知道了一共有多少个费用点，回过头来又把它们按照规范设置到账户本体表上，这就是“预期的财务数据变换决定了预定的财务数据分类”。

6.10 避免交互摊配

这是一个值得重视的要求，摊配的过程是所有费用点账户所归集的金额经过成本摊配逐一“清零”（盘存金额除外），最后都归集于最终产品上。如果费用点之间有“交互摊配”的现象发生，那就会循环往复，难以终结，以一个实例来说明。

常识告诉我们，供水车间要用电，供电车间也要用水，所以计量中心提供的“用电量表”中有供水车间的用电量数据，“用水量表”中也有供电车间的用水量数据，这都是客观如实的反映。但会计上不加考虑地如实摊配的结果是，供电费用点摊配完自己所归集的费用后（记账凭证中有一条是给供水的），清零了；然后，供水费用点接收了这一条凭证流水的金额，也摊配完自己所归集的费用后（其中有一条是给供电的），也清零了。这时就会发现，原来已经清零的供电费用点又多出一条来自供水的费用记录，还要再次对外摊配；接着，原来已经清零的供水费用点又接受了一条来自供电的费用记录，也要再次对外摊配……“冤冤相报何时了”？

显然，在成本摊配过程中，要有个限制性的假设，当某个费用点完成对下游的成本摊配后，就不再接受来自其下游费用点的成本摊配。换句话说，凡是完成对外摊配的费用点，就不再承受外来的摊配。以本例而言，由于成本摊配顺序表中确定了供电为先，供水为后，那么在供电完成了对其下游费用点的摊配后，继续供水费用点的摊配时，用水量分配表中的有关“供电用水量”的那一条记录就要被视为无效，尽管它是客观如实地存在的。这样做当然会有一定误差，不过由于供电的费用明显比供水的费用大得多，忽略了供电费用点的用水量，误差是较小的。

当然，会计人员只要知道存在这个问题，在排定费用点摊配顺序时严格遵守前述的原则即可。在成本摊配前，AI 会自动检测，自动调整相关摊配表的。

6.11　分批生产企业如何组织成本核算

分批生产的企业有些特殊性。它是按产品批别（甚至件别）来下达生产的。由于下达生产时的批号往往就是顾客的订单，分批生产也俗称“订单生产”。但两者并不一定等同，一个订单可能因为量大而分几批下达生产，几个订单也可能因为需求的规格相同而合并为一批下达生产，所以本质上是按生产批号来下达生产指令的，还是叫“分批生产”较为严谨。具体的例子，如在特定的期间，服装生产企业下达指令，生产某几个“款号”一定数量的服装；机械企业下达指令，生产某几种“规格型号”一定数量的机器；造船厂下达指令，生产一艘万吨轮，等等。

分批生产的企业肯定要求提供准确的“批号成本”，才能知道某个订单赚不赚钱。但是从 AI 会计处理的角度来看，其生产数据的来源因企业管理方式而异，因生产工艺而异，个性化特点较强，需要强化对应的设计。组织实际成本核算的原则如下。

1. 直接费用直接归集到生产批号上

这就要求在生产成本下设置“生产批号”明细账户。最典型的是生产领料，如果领料时确定这是为某个生产批号而领的，在领料单上要标明生产批号。除此之外，有些开支用于哪个生产批号，是 AI 无从掌握的“活情况”，可以考虑在相关的业务环节设置记录，或对有关的费用“人工标注生产批号”，AI 就能自动处理。总之，能够辨识的批号直接成本越多，批号间的共同费用就越少，越有助于生产批号实际成本的准确。

2. 共同费用先按工序归集起来，再按生产批号占用相关工序资源的数量比例，分别摊配到生产批号上

这也要求在生产成本下同时设置相关的工序明细账。分批生产的特点，是有限的生产线上要加工不同批号的产品，所以生产线的工作内容需要“切换”。一个“生产批号”完工交库后，转产另一个“生产批号”，甚至迫于交货期的压力，不断地在生产线上反复切换“生产批号”。为此需要在每个工序上保持详细的生产记录，统计每个生产批号在该工序消耗的资源数量，再与其他生产批号分别承担工序总成本。例如，不管生产切换了几次，要如实记录某个生产批号一共用了多少个“生产工时”，就可以按生产工时比例分摊到生产批号上。最典型的是工薪费用，生产部门是常设机构，生产线上却不断切换生产批号，为了能在生产批号间尽可能准确地摊配工薪费用，自然需要有详细的生产现场用工记录。有些企业是采用计件工资制度的，就更容易与产品直接挂钩了。

以下结合服装生产企业来具体说明如何组织分批生产企业的实际成本核算。

对于服装生产企业来说，“服装款号”就代表“生产批号”，一般分为款式设计、裁剪、车工、后整四个工序。其中只有“后整”需要略作说明，它就是成衣收尾的工序，包括熨烫、装订纽扣、贴花饰和包装等工作在内。由于工作性质不同，每个工序的费用类型是不同的，生产成本账户可以设置如表 6－14 所示。

表 6－14　分批法下的生产成本账户设置

一级码	账户 1	账户 2	账户 3	账户 4	账户 5
5001	生产成本	生产成本大类表			
		辅助生产（略）			
		基本生产	基本生产类别表		
			生产工序	生产工序表	
				款式设计	费用类型配置表
				裁剪	费用类型配置表
				车工	费用类型配置表
				后整	费用类型配置表
			生产批号	服装款号表	
				款号 1	费用类型配置表
				款号 2	费用类型配置表
				款号 3	费用类型配置表

各个款号的服装在各工序上的资源消耗是各自不同的。例如，老款号再次投入生产时就不再需要款式设计了，新款号才要分摊设计费用。这些是因企业而异，因服装款号而异，全都是个性化的，所以要设计各环节的生产记录来提供成本摊配依据。

以裁剪工序为例，假设生产统计员如实地记录了各款号生产分别占用的工时（多次切换的就分别记录后再合计），如表 6－15 所示。

表 6-15　　裁剪工序生产工时记录表

日期	服装款号	开始生产时间	停止生产时间	本次开停实际工时	其他记录（略）

那么据该表就可以统计出每个款号在裁剪工序所用的全部加工时间，据以将该工序全部费用摊配到各款号上。最后，各款号费用点承受了各工序费用点摊配来的费用，已完工的便可以转为库存商品了。如表 6-16 所示，其中的款号 3 因为是原款号再次生产，已经无须分摊设计费用了。

表 6-16　　服装款号成本明细账构成

直接费用	款式设计	裁剪	车工	后整	合计总成本
款号 1	款号 1	款号 1	款号 1	款号 1	款号 1 成本
款号 2	款号 2	款号 2	款号 2	款号 2	款号 2 成本
款号 3		款号 3	款号 3	款号 3	款号 3 成本
款号 4	款号 4	款号 4	款号 4	款号 4	款号 4 成本

6.12　AI 建账时点上的账户余额

在向 AI 会计切换的时点上，即开始建账时，一些账户往往是有“期初余额”的，需要整理出切换时点前的一份大记账凭证，将这些账户及其余额记录在内，作为“记账凭证流水表”的第一份记账凭证。跨过切换时点后，AI 会计就有了自己的“期初余额”，可以开始自动记账算账了。这是建账时一次性的工作，也要在“碳基岛”上由会计人员完成。

财务会计核算本来就有期初余额，可以直接利用，需要注意的有两点：

一是当新的账户分类设计与原来的账户分类有所不同时，原有的账户余额该合并的就合并，该拆分的就拆分；二是由于 ERP/财务软件设计错误的原因（以后将另文分析），可能某些库存账户明细账余额相加后不等于总账余额，这时要以库存总账余额为准，在明细账另设一纠错账户，令其余额等于“库存总账余额 - $\sum$ 库存明细账余额”，先让两者相等，以后再通过“主办会计调账信息表”来处理这一明细账。

读者不妨回忆一下，我们在“广义现金流管理会计的核算关键点”中指出，管理会计不同于财务会计，最终要得到的核心指标不同，不再是“净利润”而是“赚钱为王指标体系”，从而核算中的某些基本点也不同，主要在于下列四点。

（1）不确认应收款项，但确认应付款项；

（2）明确区分“筹资性负债”和“结算性负债”；

（3）明确区分“长效贵重资产”和“低值易耗品”；

（4）明确区分“直接成本”和“间接费用”。

所以，广义现金流管理会计由于是新建账，账户原来是没有余额的，对财务会计账户的余额，有的可以直接采用，有的要经过分析，剔除部分后再采用，有的就要直接废除不用。确定广义现金流管理会计相关账户期初余额的处理原则是：

（1）符合管理会计核算关键点的，直接采用；

（2）不符合的管理会计核算关键点的，有些可以改制后再采用，有些就应当完全抛弃不用；

（3）所有数据项都厘清后，引入“未分配总赚钱”作为正记方账户与负记方账户之间的差额，无论结果是正是负，这份期初记账凭证也就“有正必有负，正负必相等”了。

至于具体的做法，无论是财务会计还是管理会计，都会有操作指南的，限于篇幅，在此略过不表。

第7章　硅基会计岛部分工作原理简介

7.1　适配性检测

在本环节之前，主办会计在“碳基岛”上已完成了三大部分的工作，即“采集记账素材并作数据治理”“财务数据分类设计”和“财务数据变换设计”，这三者是密切地相互关联的。各类业务“信息表”类似于原始凭证，是每月都有新变化的，作为记账规则的“财务数据分类设计”和“财务数据变换设计”是一次性设计后就相对稳定的，三者合起来形成“项目数据包”，是密切地相互关联的，将直接驱动“硅基岛”AI会计的数据处理。但它们都是主办会计在计算机辅助下完成的，难免错漏，要有确保其相互之间“适配性”的机制。

以数据治理后所得到的“增值税购进发票信息表”为例，假设本期新增了一款物料，那么记账之前，在“财务数据分类设计”的相关“外挂底层表”中，也要同步纳入该款新物料，这是AI会计的记账规则，舍此则AI只知“业务信息表”中有该物料（如“浓硫酸”），而不知道记账时该物料前要用到的一级账户/二级账户/三级账户……分别是什么（如“原材料/化工原料/危险品库），自然无从编制完整的记账凭证了。

再如，在“银行回单信息表”中，可能会有银行收入（或支出）款项，其上的信息不足以判断是什么业务，需要退回，待人工示教后再重新检测。以“退税款项”为例，企业往往是从未知的新汇款账号收到的，而不是从交税的账户“原路退回”的，这种情况下，对该收款回单连属于什么业务也不知道，更不用说记账了，需要人工查问清楚。

可见，“会计是在预定的财务数据分类框架下处理数据的”，只有经过数据治理的“业务信息表”是不够的，还需要做好财务数据分类设计工作，两者配合才能编制出符合规范的记账凭证。

另一个要点是“预期的财务数据变换决定了预定的财务数据分类”。我们在“财务数据变换设计”看到，成本费用账户下的“费用点”账户，也是等“费用摊配顺序表”完成后，才回头在“账户本体表”上填写其上级账户，如生产成本/基本生产等，那也是因为两者要协调一致。

……

因此，有必要将上述三大部分的工作结果合并送交“硅基岛”，让计算机对它们之间相互的“适配性”进行相应的检测。全部通过检测的，可以送到下一步骤 AIAcc 中心继续处理；未能通过检测的，则退回“碳基岛”，请求人工干预，以后再次送检。这是 AIAcc 中心正式运行前的最后一道防线了。这里的难点在于，要先知道可能发生什么错误，才能设计“防错纠错”的机制和措施，所以只能是逐步完善的。

7.2　相关项目指标的算法

“采集记账素材并作数据治理”“财务数据分类设计”和“财务数据变换设计”三者通过“适配性检测”之后，就送到了硅基会计岛最核心的环节——AIAcc 中心，开始启动全封闭运行，运行结果将分为“财务会计”和“广义现金流管理会计”两部分，直接回填到碳基会计岛，以待会计人员的进一步利用。

关于人工智能会计的结构“主控程序 + 人工示教/计算机再现”，关于人工智能会计如何编制记账凭证，我们已经在“第 1 章总论”中作了大致介绍。若想再往技术性的深里说，由于垂直模型不是通用语言模型，走的不是投喂“大数据”让计算机去“无师自通”的路子，而是直接教化计算机的做法，所以小到编制一份记账凭证，大到编制一份财务报表，都要先回答三个问题：

输入：从哪里取数，取什么数据？

处理：对数据作什么处理？

输出：处理得到的数据要存储在哪里？

这叫 IPO 变换（input - process - output），大变换又套着小变换，环环相扣，都描绘清楚以后，才是如何让机器工作的问题，其烦琐枯燥的程度已经不是所有读者都想了解的。而且，在这里也没有原理性的内容可供介绍，因为计算机不需要理解，只需要具体执行，想让它做任何事情，都要表达为极其琐碎的技术细节，实在是难以言说。有鉴于此，虽然此时已经在“硅基岛”，我们还是以“人话”来说说有关项目指标的“算法”吧，尽可能让 AI 会计这个黑箱显得透明些。

其中，财务会计循环的“算法”，读者都已经了然于心了，唯一需要说明的，是现金流量表补充资料 1“将净利润调节为经营活动现金流量”的各项目中，有个“其他”项目，其来源尚不明确，需要交代清楚，因此在“汪张等式的推导过程”一节中介绍。

而“广义现金流管理会计”到底要算什么，怎么算，到目前为止还没有探讨过，恰好可以在这里补充介绍。要强调指出的是，这是原始创新的“财务数据分类与变换路径”，我们希望借此描绘全新的会计图景，也吸纳更多的“存量会计人口”。它既然是有账会计，当然也有自己的会计恒等式，也要编制记账凭证，作为核算结果的，是五大指标（股权输血量、债权输血量、造血量、总赚钱和净赚钱）构成的“赚钱为王指标体系”，下文也以“赚钱为王指标体系的算法”为题加以介绍。

7.3　汪张等式的推导过程

在现金流量表的“经营活动产生的现金流量”“投资活动产生的现金流量”“筹资活动产生的现金流量”和“汇率变动对现金及现金等价物的影响”四大因素中，“经营活动产生的现金流量”（以下简称“主表”）最为重要，它所覆盖的内容也最为广泛多样。因此，中国会计准则设计了“补充资料 1”，要求“将净利润调节为经营活动现金流量”（以下简称“附表”），即要求从净利润开始，经过调节也独立地得到这一指标，以便和用“主表”得到的指标相互验证，应当说是很有道理的。

2004 年 9 月，笔者出版《现金流量表的精确编制原理》(中国财政经济出版社)，书中首次提出关于附表调节原理的一个等式（后来称之为“汪张等式”)。对于一个疑问，即从“净利润”出发，为什么通过调节某些项目，而不是调节另一些项目，就会得到“经营活动产生的现金流量”?“汪张等式”试图对这个问题作出理论说明。

我们先从最简明的情况开始，然后逐步引入更复杂的情况，考察“经营活动现金流”与“净利润”是如何分野的，据此推导出作为间接法理论基础的公式。

在最简明的情况下，即只存在经营性活动，并且会计报告期和经营周期重叠时：

经营活动现金流量＝净利润　（反向时以负数表现）

（7－1）

根据“会计分期”假设，企业必须定期提供财务报告。但实际经营活动是周而复始、交错进行的循环，这样，在报告期末，除了现金以外，可能存在应收账款、应付账款和存货等经营性实账户，等式（7－1）就会扩展为：

经营活动现金流量＋经营性项目净增加＝净利润　（反向时以负数表现）

（7－2）

在更复杂的环境中，即同时存在经营性活动和非经营性活动，并且会计报告期和经营周期不一致时，净利润的构成还要复杂些，它可能包括非经营性活动对净利润的影响，如财务费用是筹资活动或汇率变动所造成的，但它已经进入净利润的计算过程，对净利润产生了影响，要从净利润中剔除，以还原为“经营活动现金流量”；还可能包括非经营性活动对经营性项目带来的影响，如应收账款转为投资，账务处理是，正记“长期股权投资，负记“应收账款”，结果是长期投资活动影响到“应收账款”这一经营性项目的净变动，根据等式（7－2），它也进而对净利润的计算造成了影响。为了保持口径一致，也应剔除出来。根据以上分析，将等式（7－2）扩展为等式（7－3）也就顺理成章了：

经营活动现金流量＋经营性项目净增加＋非经营活动导致利润净增加－非经营活动导致经营性项目净增加

＝净利润　（反向时以负数表现）　（7－3）

对等式（7－3）移项，得：

$$\begin{array}{l}\text{经营活动}\\\text{现金流量}\end{array}=\text{净利润}-\begin{array}{c}\text{经营性项目}\\\text{净增加}\end{array}-\begin{array}{c}\text{非经营活动导致}\\\text{利润净增加}\end{array}$$

$$+\begin{array}{c}\text{非经营活动导致}\\\text{经营性项目净增加}\end{array}\quad\text{（反向时以负数表现）}\qquad(7-4)$$

该等式作为调节法的理论基础，覆盖了应考虑的所有因素，除了作为调节起点的净利润，可用表 7－1 所列举的项目来验证。

表 7－1　用补充资料 1 所列举的项目来验证等式（7－4）

经营性项目净增加	非经营活动导致利润净增加	非经营活动导致经营性项目净增加
存货的减少 经营性应收项目的减少 经营性应付项目的增加	资产减值准备 固定资产折旧、油气资产折耗、生产性生物资产折旧 无形资产摊销 长期待摊费用摊销 处置固定资产、无形资产和其他长期资产的损失 固定资产报废损失 公允价值变动损失 财务费用 投资损失 递延所得税资产减少 递延所得税负债增加	应收款转投资* 应收款转在建工程* 应收款抵固定资产款* 存货充抵投资* 存货转在建工程* 存货抵固定资产款* 应付款转资本* 固定资产换入存货* 投资换入存货* 以前年度损益调整业务* ……

左边一栏和中间一栏，都是现金流量表补充资料 1 明文列举的内容。右边一栏也揭示，在“补充资料 1”中专设的“其

他”项目，不是作为掩盖主附表差异的“回收站”，而是特定地用于表现“非经营活动”使“经营性项目”受到影响的业务，其金额也可以完全地精确得到。在右边一栏中标有＊号的业务是“补充资料1”表式中未明文列举，但又可能发生的业务，这些业务一旦发生，其归宿很明显只能是“其他”项。AI会计在完成现金流量表的编制后，当发现存在属于“其他”项目的业务内容时，也会随同提供明细统计表，公布数据来源作为佐证。

7.4 赚钱为王指标体系的算法

我们从改造会计恒等式开始，通过理论推导，构建起一个全新的“赚钱为王”指标与报表体系。通过这一推导过程，我们也试图展示广义现金流管理会计是如何与财务会计分道扬镳的。

一、“股权输血量”“债权输血量”与“造血量”

在赚钱为王指标体系中，“股权输血量”“债权输血量”和“造血量”是客观反映现金流状态的核心指标，它们各自的含义是不言自明的。

传统会计恒等式表现为：

资产 = 负债 + 业主权益　　(7－5)

我们尝试作如下的变换：

1. 将资产分为“货币资产”和“非货币资产”。

2. 将负债分为“筹资性负债”和“结算性负债”。前已述及，“筹资性负债”代表取得货币资金，将来也要用等额货币资金偿还的负债，基本特征是“等额的钱进钱出”，除银行贷款外，还包括股东提供的临时性周转的资金、各种预收的保证金、押金等。“结算性负债”用排除法来定义，是除了“筹资性负债”之外的所有负债，如应付账款、应交税费、应付职工薪酬等，因其大多处于结算过程，故笼统粗略地命名为“结算性负债”。

3. 将业主权益分为业主真金白银的投资“业主原始投资”，以及赚到的钱没有分配，还留在公司参与周转的部分，称为“未分配总赚钱”。

等式（7－6）在任意时点上都能成立：

货币资产 + 非货币资产 = 筹资性负债 + 结算性负债
+ 业主原始投资 + 未分配总赚钱
(7－6)

将“非货币资产”移项到等式右边，整理得：

货币资金 = 筹资性负债 + 业主原始投资 +（结算性负债
+ 未分配总赚钱 － 非货币资产）　　(7－7)

在经年累月的运作之后，公司所拥有的人力资源、实物财富、供应链、工艺技术、市场营销、管理智慧和无形资产等诸多要素形成的有机组合，是自己能否赚钱的核心系统，可形象地称为“赚钱反应堆”。若令：

赚钱反应堆 = 结算性负债 + 未分配总赚钱 - 非货币资产

则可得：

货币资金 = 业主原始投资 + 筹资性负债 + 赚钱反应堆 (7-8)

等式（7-8）所反映的虽然是某一时点上的情况，但不妨联想到公司刚要成立的那个时点，当时虽然所有指标值都是零，这前后两个时点却也构成了一个“期间”，等式（7-8）的当前各项指标值就代表了该期间的最终变化结果。当然更常见的是一前一后的两个时点，例如“年初”时点与“年末”时点，那么这两个时点就构成“年度”期间。选定“期间”后，只要将后一时点上的指标数值分别减去前一时点上的对应指标数值，就可以得到该指标在期间的变化值了。即：

Δ货币资金 = Δ业主原始投资 + Δ筹资性负债 + Δ赚钱反应堆

货币资金的变化可称为“货币资金增量”。

业主原始投资的变化可称为“本期股权输血量”，反映业主以货币资金作出的实际投入。

筹资性负债的变化可称为“本期债权输血量”，反映银行或其他债权人提供的货币资金。

赚钱反应堆的变化则可称为“本期造血量”，反映企业投入运营若干时日之后，内生的货币资金的增减情况。

那么前后两个时点之间的货币资金增量 = 本期股权输血量 + 本期债权输血量 + 本期造血量。

二、“总赚钱”与“净赚钱”

在赚钱为王指标体系中，“总赚钱”和“净赚钱”是反映管理层业绩的两大指标。“总赚钱”表明企业总共赚到了多少钱，包括赚到以后又投入生产经营的部分。“净赚钱”则表明企业为业主赚到了多少真金白银，包括已经发放出去的现金股利在内。

设想广义现金流管理会计核算后，“现金流平衡表”的格式如表 7 – 2 所示。它分为左右两大板块，左边是“货币资金占用”项目，右边是“货币资金来源”项目。与财务会计提供的“资产负债表”不同之处在于它表现某个时点上真实不虚的财务状况，在左边“货币资金占用”下的所有项目，除了货币资金本身之外，其余都是用货币资金换取的资源，没有浮夸的成分。这就很方便将现金收入与原始购置成本相对比，来判断是否赚到钱。原始购置成本就是留待比较的“标尺”，原封不动地放在“现金流平衡表”里等待与将来的现金收入比较。

相应地，在右边“货币资金来源”下的所有项目，也代表了各利益集团对公司的真实权益。

表 7-2　　　　现金流平衡表

年　月　日——　　年　月　日

货币资金占用					货币资金来源				
项目	期初余额	本期增加	本期减少	期末余额	项目	期初余额	本期增加	本期减少	期末余额
一、货币资金					一、筹资性负债				
库存现金					长期借款				
银行存款					应付债券				
其他货币资金					短期借款				
货币资金合计					其他筹资性负债				
二、存货直接成本					筹资性负债合计				
原材料直接成本					二、结算性负债				
生产直接成本					应交税费				
库存商品直接成本					应付利息				
其他存货直接成本					应付股利				
存货直接成本合计					应付职工薪酬				
三、投资项目					应付账款				
长效贵重资产					应付票据				

续表

货币资金占用					货币资金来源				
项目	期初余额	本期增加	本期减少	期末余额	项目	期初余额	本期增加	本期减少	期末余额
在建工程					预收账款				
工程物资					其他结算性负债				
长期股权投资					结算性负债合计				
其他投资项目					三、业主原始投资				
投资项目合计					实收资本				
四、结算性债权					资本公积				
发出商品直接成本					减：库存股				
预付账款					业主原始投资合计				
其他结算性债权					四、未分配总赚钱				
结算性债权合计									
资金占用总计					资金来源总计				

接下来要介绍“现金池存该表”（见表 7－3）。“收付”和“存该”是中式簿记常用到的两对术语，言简意赅地分别描述货币资金的动态和静态情况。

结算过程中，既会有“人欠我”的，也会有“我欠人”的，从管理角度看，两者可以、也应该合并考虑。我们把“现金流平衡表”原来在右方的“结算性负债”移到左方，金额当然要反正为负，并与“结算性债权”合并，令：

结算性项目净值 = 结算性债权 - 结算性负债 （7-9）

这样一来，“现金流平衡表”就可以粗略改造为古色古香的“现金池存该表”（见表7-3）所示的格式（请先忽略“货币资金”下的三行小字分类）。左方的“存于何处”说明公司作为现金池，目前将现金“存”放在什么项目上。右方的“该属何人”栏说明现金池的权益“该”属于何人。

现在来解读“货币资金”下的分类，在任意时点上，“债权输血量”等于右边的“筹资性负债”，“股权输血量”等于“原始业主投资”，而货币资金只可能有三大来源，即：

货币资金增量 = 本期债权输血量 + 本期股权输血量

+ 本期造血量 （7-10）

移项，得：

本期造血量 = 货币资金增量 - 本期债权输血量

- 本期股权输血量 （7-11）

“现金池存该表”虽是某个时点上的静态报表，但这个时点与公司创立时点却也构成一个“期间”，报表上的“货币资金”代表了这个期间的“货币资金增量”。根据计算结果，分别将这三项作为明细填写在“货币资金”数据项下即可。

表 7－3　　　　现金池存该表

年　月　日——　年　　月　日

存于何处					该属何人				
项目	期初余额	本期增加	本期减少	期末余额	项目	期初余额	本期增加	本期减少	期末余额
货币资金 债权输血量 股权输血量 造血量					筹资性负债				
存货直接成本					业主原始投资				
投资项目					未分配总赚钱				
结算性项目净值									
合计					合计				

公司为了生产经营，要拥有厂房设备等长效贵重资产，要保持一定量的存货，要投资一些项目，还要面对结算过程，这都是正常的。因此，将分析进一步扩展到存在非货币资产的情况。观察“现金池存该表”，“债权输血量”和“筹资性负债”组成一对，“股权输血量”和“业主原始投资”组成一对，都是同增同减的关系，在任意时点上两者完全相等。所以除去构成对应关系的这四个项目，报表左边其余项目增量之和，就完全等于右边的“本期未分配总赚钱”，即：

本期造血量＋存货直接成本增量＋投资项目增量＋结算性项目净值增量＝本期未分配总赚钱　　（7－12）

我们看到，本期未分配总赚钱不变时，造血量与存货等非货币资产项目之间是“此消彼长”的关系，存货等非货币资产的本期变动是以“本期造血量”的本期反向变动为代价的。所以，在所有公司的“现金池存该表”中，造血量正常情况下都是负数。当然，这并不影响某个期间造血量的精确计算，假设某公司期初造血量为 -1000000 元，期末造血量为 -500000 元，期末减去期初，本期造血量为：-500000 -（-1000000）= 500000，还是能够说明自家的造血情况有所改善。

此外，我们还需要有个只看货币资金增量的“净赚钱”指标，来与“总赚钱”相互对照，相互制约。严格地说，自己赚到的钱，如果不是表现为货币资金比原来更多，是无以发放现金股利的，想要把赚到的钱都用于分红时更是如此。所谓“净赚钱”，就是根据一般的人类思维方式，纯粹看某一期间公司为股东赚到了多少真金白银，对该期间的实物资产增量是视而不见的。

等式（7-13）就表现了造血量与净赚钱的关系：

本期净赚钱 = 本期造血量 + 本期已发放现金股利 （≥0）

（7-13）

作为业绩指标，总赚钱是可正可负的，净赚钱则是非负的业绩指标，只关注有没有为股东赚出真金白银来，不宜因为它是负值而问责于管理层，因为将货币资金用于再投资是很正常的现象。

第8章　财务会计：回填AIAcc核算结果之后

8.1　在“后AI阶段”开拓新的生存空间

由于“AI过后，寸草不生”的强势，会计人是无法与AI会计正面竞争的，聪明的做法是躲着它，充分发挥自己的优势，在“前AI阶段”和“后AI阶段”找到新的活路。如果这个问题处理好了，在前后两个阶段会计人都能有事可做的话，那么可以认为，在数据处理和数据利用的全过程中，AI会计承担了其中最烦琐、最无聊，原本也最费时的工作，让会计人得以从中解脱出来，转而从事更有创造性的工作。从这个角度看，AI会计的出现未尝不是好事。

会计人在“前AI阶段”可以做的事情，读者已经看到了，主要就是“采集记账素材并作数据治理”“财务数据分类设计”和“财务数据变换设计”这三大部分的工作。我们也已经论述了，这些工作是必须由主办会计来主导进行的。

不过，笔者也“开宗明义”地说过，经过多年来的专业工作训练，在财务数据分类与变换方面，会计人已经形成了很强的能力，自己却可能不知道，只要略加培训，思维转换一下，这些工作就是轻车熟路，几近举手之劳，更何况其中的“财务数据分类设计”和“财务数据变换设计”主要是初始化时一次性的工作，以后的维护工作微不足道。总体来说，这些工作还不足以吸纳多少“存量会计人口”。所以关键的关键，就是还要设法拓展会计人员在“后 AI 阶段”的生存空间。

当 AIAcc 中心将处理后的数据结果回填到“碳基岛”时，我们就来到了“后 AI 阶段”，此时“财务会计”与“广义现金流管理会计”已是“兵分两路”的分流状态，以下就针对会计人在“后 AI 阶段”可以做什么事分别加以述评，本章先讨论财务会计。

8.2 AIAcc 向财务会计回填什么内容

财务报表格式时有小变动，为提高应变能力，基本考虑是 AIAcc 直接向碳基岛回填“记账凭证流水表”和现金流量表的相关明细统计表，即只提供核算后的基础数据，而由碳基岛会计软件来完成实际的财务报表定义取数工作。对于具体的某一份记账凭证，在该记账凭证处可以看到与其对应的信息表数据，以及表明计算过程的“记账凭证附表”，提供了充分的审计线索。回填数据表的格式如表 8 - 1 所示。

表 8－1　　　　记账凭证流水表

记账凭证号	凭证序号	摘要	一级码	账户 1	账户 2	……	方向	金额	计量单位	数量	外币单位	外币数量

对于现金流量表，则提供如表 8－2、表 8－3、表 8－4 所示的三个明细统计表。

表 8－2　　　　现金流量表主表项目统计表

主表项目	记账凭证号	凭证序号	摘要	金额	项目累计	现金凭证号

表 8－3　　　　现金流量表附表项目统计表

附表项目	记账凭证号	凭证序号	摘要	金额	项目累计

表 8－4　　现金流量表附注“其他”项目统计表

记账凭证号	经营性复合金额	非经营性复合金额	“其他”金额

8.3 超然独立的“后台平行监控”

还记得我们提及财务与会计的前后台关系，“收到存货”属于“业”，“支付货款”属于“财”，却是会计要在后台以“借：库存商品　贷：银行存款”同时记录的。财务和供产销各环节的业务大多属于前台业务，需要从会计与它们的前后台关系中来认识，财务会计是如何借助于“后台平行监控”机制来完成其“资产保护”任务的。

各行业中，“供、产、销”三环节齐全的制造业是最有代表性的，商品流通业只有“供”和“销”两个环节，典型的服务业则只有“销”环节了。我们就以制造业企业为例来讨论，请见“后台平行监控图示”（见图8-1）。在图的左边，是采购、制造和销售三个环节形成的纵向主线，它们之间存在自下而上的实物流动。当然，这里没有表现出来的，还有与实物流“逆向而行”的现金流（付现/进仓、发货/收现、薪酬发放等）。对应于左边的三个环节，右边的会计也有“采购核算”“成本核算”和“销售核算”，采购核算的结果是“原材料成本”，成本核算的结果形成“库存商品成本”，销售核算要围绕库存商品来进行。

设想短暂性地中止右边“会计”方面的工作，左边的“采购、制造、销售”主线照常运行，根本不会受到什么影响。但若中止“财务”方面的工作，只要资金不及时到位，停工停产现象立马出现！这就是“后台业务”与“前台业务”的区别。当然，也因此需要证明，会计作为对前台业务没有直接影响力的后台业务，为什么还有必要存在，为什么要以这样的方式存在？

会计在履行资产保护职能时，属于“后台平行监控”，即运用复式簿记利器，针对“采购、制造、销售”三个环节，首先要借助重叠或重复的业务记录来防止潜在的错弊行为，实现资产保护。其次是核算产品成本，以每一种产品“以收抵支”后的差额（产品毛利），为生产线的“关停并转扩”决策提供可信的依据。最后，所有的产品毛利在补偿期间费用以后，就得到企业的净利润。可见，会计核算提供了企业的整体财务状况和经营成果，尽管是后台业务，对于企业来说却不可或缺。

左右两边（前后台业务）之间，横向的箭头则表明，在会计核算过程中是利用前台业务的原始数据，自主编制贴合实际的记账凭证的。这样的自主核算表明，会计的记账凭证是“自主编制的”，而不是“被动接收的”（例如在 ERP 中由某个模块自作多情地“抛送记账凭证到总账模块”），是“贴合实际的”（例如有什么样的原始凭证组合，就编制什么样的记账凭证），而不是“粗略假设的”（例如在 ERP 中“采购先记为应付账款”）。

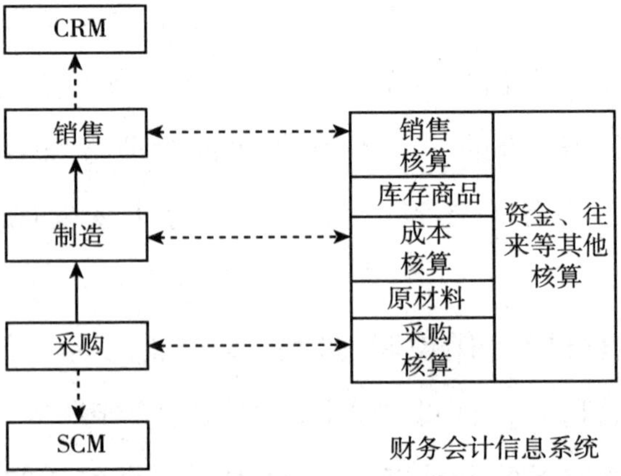

图 8-1 后台平行监控图示

会计在企业管理中的职能和地位，“后台平行监控图示”给出了形象的说明，这是我们所要强调的。通过这样的全过程跟踪记录，会计就有可能确保资产完整，并借助财务报表来描绘企业的经营成果和财务状况。由此可见，在企业中，会计是对前台业务进行“总成核算”的唯一后台机构，是傲然独立、功能齐全的系统，只有这样才能完美履行自己的职责。

从这样的理解出发，我们回过头来对 ERP 产品中有关会计软件的设计略加点评。

ERP 产品整体上或许不错，有的业务模块相当精致。但它们精于处理的都是“前台业务”，笔者作为资深的“老会计”却可以断言，设计者唯独对作为后台业务的会计一无所知，随意设计，把会计折腾得“面目全非”，以至于存在着诸多难以容忍的缺陷。

软件设计者们混淆了基本概念，他们不知道“财务”与

“会计”是不同的，本是“会计软件”，却错称为“财务软件”。设计者也不知道会计应当是独立完整的信息系统，提出似是而非的“业务财务一体化”，以“模块化”对财务会计任意切割，结果是财务会计只残存还算是自己的、能够正常运行的“总账模块”，被动地接收其他模块主动抛送来的“记账凭证”，这些记账凭证却是“只有金额没有数量”的。换句话说，会计只管总账，其他职能模块管明细账，只向会计报送没有数量信息的总金额。财务会计系统在 ERP 中就是这样拼凑出来的。我们从“财务数据分类设计”和“财务数据变换设计”的内容中已经知道，应该让会计自主编制所有记账凭证，既有数量又有金额，总账到最低级明细账一气呵成，明细账金额加起来就是总账金额，不可能脱节，既快又不会出错。

实在想不清 ERP/财务软件设计者将总账与明细账分裂设计的理由何在？这也许是借鉴古早时期的“总账与明细账平行登记”，但那是因为手工记账既“慢”又易“出错”，只好借助于“记账凭证汇总表”先登记总账，以便快速出报表，明细账就可以慢慢来记了。最后，两个结果还可以相互核对，有助于查出错误。到了现代，在既“快”又“准确”的自动核算环境中，这样的设计思想显然是极其落伍的。

对会计缺乏深刻认识的外行人士越俎代庖，想当然地为会计随便搭建的结构，必定会留下难以收拾的“一地鸡毛”。多年来，财务会计的“资产保护”传统功能已被“ERP/财务软件”破坏殆尽，现在让 AIAcc 全面修复了，并解决了现金流量表精确编制的超级难题。体现人工智能会计“升级换代”优势的，大致可分为三方面分述于下。

8.4 重启“账实相符，账账相符”的核对工作

在内部控制制度的设计中，“职务分离”是行之有效的内部牵制方法，它所依据的基本假设是：

第一，两个人有意识串通作弊的难度要大于单人作弊，也更容易被侦破。原因很简单，两个人作弊前要先商量策划，只说不干，最后往往动不了手；单人则可以想到做到，只干不说。而一旦真干了而被侦查审问时，自己做的自己心里有数，“打死也不说”；两个人做的，则是“坦白从宽，与其你先坦白，还不如我先坦白”，抢着说了；

第二，两个人无意识地犯同样错误的可能性很小。我把100错写成1000，你不太可能正好也这么个错法，因此通过双方核对可以查清错误。

据此，职务分离在钱物保管方面的原则是“管钱物的不管账，管账的不管钱物”。实际上，“管钱物的”也不是自己就不记账了，而是因为他具备“监守自盗”的条件，所以他自己记的账还不算数，要有人根据另一套账来核对并认可后，他的保管责任才能被解脱。由于会计拥有复式簿记的利器，“管账”的责任历史地落到会计的肩上，会计就是那说了才算数的“管账的”。

在传统的手工记账环境中，会计是自己保有一套实物明细账的。当会计人员在资产负债表上说库存有 100 万元时，还能打开自己的明细账，有底气地证明这 100 万元是由“白菜 100 千克，每千克 1 元，计 100 元；萝卜 500 千克，每千克 2 元，计 1000 元……”构成的，这就是与仓管员的实物账相关的“两账并设”。因此，除了图 8－2 中上下箭头表明的“账实数量相符”验证之外，还必须有个“账账数量相符”的验证（左右箭头所指的部分）。

这样的防错弊机制运作如下：若是由于盗窃等原因，实物无端地减少了，通过盘点来考察是否“账实数量相符”，是有可能发现的。但“监守自盗”者完全可以同时修改仓库的账簿数量来掩盖，确保“账实数量还是相符的”，这就是只设一套账的漏洞所在。而会计一旦有了自己的库存明细账，根据复式簿记的要求，有库存减少就要有对应的账户变动来解释（例如卖出去了，就要有货币增加），会计的库存明细账也不是外人轻易就能修改的。仓库账上的数量被无端改动后，必然无法与会计库存明细账“账账数量相符”。因此，当仓管员的库存账与会计的库存账两者数量不符时，就应当高度关注了。究其原因，有可能是双方记账立场的不同（例如客户尚未提走的寄存商品，仓管员仍有保管责任，会计却要求在月末强行结转已销售的库存商品成本），排除诸如此类“可解释的差异”以后，就是“错弊因素”导致的差异，问题就败露了，必须及时处理。在自动处理环境中，这个数量核对是可以自动进行的，就应该更加简单了。

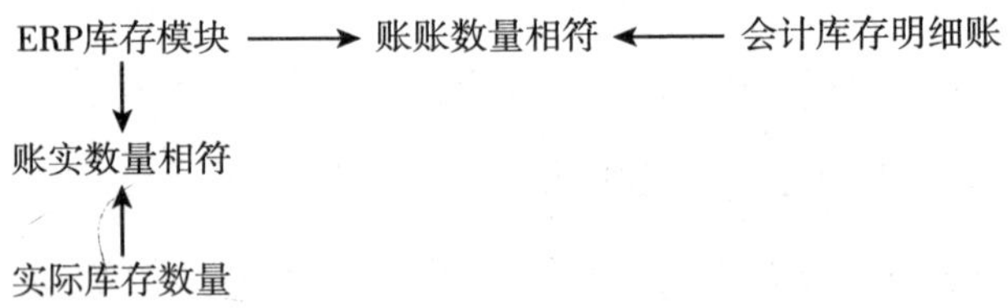

图 8-2　库存数量的双向核对

对货币资金的管理也类似。举个简单的例子，出纳手中有1000美元钞票，会计上对这些外币，既登记了美元数量，也登记了换算后的“人民币等值”，此后，随汇率不断变化，会计也要在账上不断改变其“人民币等值”，却仍然能知道出纳手里保管着这1000美元，就是因为同时登记了美元数量。

遗憾的是，ERP只设计一套实物明细账，鲁莽地阉割了历来履行得很好的“两账并设，账账数量核对”机制。更遗憾的是，会计实务界同行们欣然顺从；最遗憾的是，自称“内控制度评估专家”的CPA居然也昏庸地放行了，这是全球性的重大专业错误！笔者就是因为早年常从事“账账数量相符”核对工作，也常从“账账数量不符”现象发现错弊，才能看穿“会计软件取消库存明细账”这一重大错误的，请参见笔者《为什么不该取消会计的库存明细账》一文对某跨国超市流失400万元案例的分析（发表在2008年《财务与会计》理财版），文章发表后广泛受到好评（见图8-3）。

根据笔者的工作经验，有必要提请读者注意：

凡是公司发生过“库存模块明细账金额合计不等于会计库存总账金额”现象的，往往意味着“跑冒滴漏”已经出现，需要找到合理的解释。但在只有一套 ERP 实物明细账，记录者有“监守自盗”之便，会计总账却连实际存货数量都不知情时，一旦有错弊，肯定无从查找锁定“泄漏点”，只好听任“内出血”持续而一无所知，这就是问题之所在。

因此，AI 会计重建会计自己的库存明细账之后，与仓库管理员所记的账一起，两套账锁定同一物料，有差异就必须查清，才能真正起到“资产保护”的作用。值得一提的是，会计人员又可以理直气壮地牵头组织盘点，核对“账实相符，账账相符”，而这是消失已久的任务了，对于提供就业机会来说也不无小补。

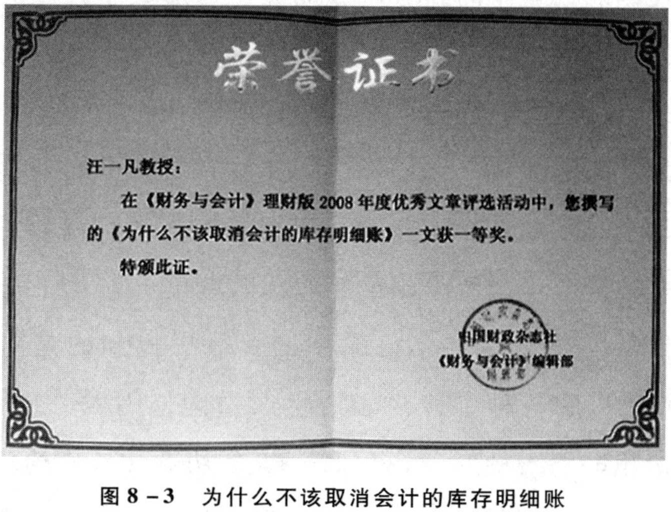

图 8－3　为什么不该取消会计的库存明细账

8.5 已有实际成本数据可供分析

从“后台平行监控图示”还可见，供产销三环节中，生产制造环节需要“成本核算”，这也是资产保护的重要方法。经过上节的分析我们已经知道，在“采购”和“销售”环节，都应该“两账并设”来锁定具体的物料，不但有“账实数量相符”的核对，也有“账账数量相符”的核对，以实现严格的资产保护，而生产制造环节的资产保护则在理念上有所不同。

企业的生产制造，从实物的角度看，是从投入材料开始，经过各种处理变换，最终产出成品的过程。而该过程彼伏此起、连续进行的结果，是不断地有原材料投入，随时有处于加工中的在制品，也不断地有产成品完工，形成了“在时间上不断继起，在空间上同时并存”的实物形态变化。在实物形态变化的同时，传送带、管道、溜槽和各种厂内运输设施也使其实际物理位置不断变动。总而言之，实物在制造业企业内部处于不断运动变化的状态，因此难以根据实物形态，从数量上来把握，也难以建立全过程严格的验收保管制度。

既然从实物数量上不好掌握，一般想得到的是防止物料“跑冒滴漏”的各种手段，如“生产重地，闲人莫进”，以及在物料运出时检查核对“出厂联”等。从会计核算的角度，重点也有所转移，对每一种产品的最低要求是“实际成本核算”：

不管实物如何运动变化，所有的资源投入，最后要从相关收入上扣减，得以全额收回，这就是“财务资本保持”原则。当然，更理想的结果是，每一种产品在“以收抵支”后还有盈余，这些盈余（产品毛利）在补偿了管理费用、销售费用和财务费用后的差额，就是“净利润”了。

因此，成本核算的要点就是从“关注数量”转向“关注金额”，只有如实地提供实际成本数据，才能确保“财务资本保持”，也才能在每种产品“以收抵支”后，从结果来判断该产品是应当停产、可以继续生产，还是应当极力扩大生产，因为正确的成本数据是管理层正确决策的重要依据。

从实际结果看，在最需要集中妥善处理各类数据的“成本核算”这里，ERP 的设计近乎崩溃，“千头万绪”地理不清楚，根本做不到提供实际成本，ERP 设计者只好借着“先进管理方式”来掩饰设计上的无能，搞了所谓“标准成本 + 差异调节”，无法准确地还原为实际成本，导致实际成本在不同的产品之间“交叉补贴”的现象，不可靠的成本数据已经严重地误导了决策。这种现状逼得许多用户还要另外花钱自己搞“二次开发”，但只要业务复杂点的，二次开发都很难成功。

结合会计库存明细账被取消的现状，已经可以说，当前 ERP 产品在“采购、生产、销售”三个环节上均已失守，会计的“后台平行监控”名存实亡，亟待全面修复。

读者从财务数据变换设计的内容中，已可看到令人信服的成本核算过程，即 AI 会计是根据主办会计的设计，严格采用实际成本核算，为“财务资本保持”提供关于资源消耗的翔实数据，这让会计人员有可能进行真正有效的实际成本分析，也因此有理由保住一定的工作岗位。

8.6 挖掘现金流量表的分析价值

现金流量表编制是否精确，很重要的标志之一是：主表与附表互不干扰地分别得到“经营活动产生的现金流量净额”，如果两者一致，“编平”了也就“编准”了。但由此产生的难题是，两者要分别从不同的起算点，采用不同的方法，得到同一个数据。

从历史上看，不同于资产负债表或利润表，现金流量表的编报要求是在会计循环定型之后才提出来的，或者说，关于现金流量表该如何编制，会计核算循环从来就没有做过思考，本来就没有一定之规，更由于中国会计准则所要求的“殊途同归”，现金流量表编制已经是个超级难题，对于 AI 会计来说，还必须在没有人工干预的前提下独立完成，现在这目标已可达到。主办会计只要在财务数据分类设计时考虑现金流量表的取数要求即可，无须参与现金流量表的具体编制过程。AI 会计会给出几个统计表，提供细化到“记账凭证号”乃至“凭证序号”的数据来源作为佐证。

对现金流量表可以理解为，它是对前台“财务活动”的后台会计核算，是企业的“血检报告”。现金流量表也是对“应计制”理念的重大冲击。应计制把重点放在“收藏活动产生的价值变动”上，已经达到无聊无趣的地步了。其实，“收藏活动”有没有产生价值变动，最终都会体现在现金流变化上，在现金流没有因此而变化之前，一切都不重要，这是现金流量表设计完全无视“收藏活动”的原因。所以，当现金流量表数据不再是“糊弄”出来的，而是真正精确可靠之后，如何充分挖掘其分析价值，或许也是一个自救机会，需要会计人员积极思考。

第9章　广义现金流管理会计：回填AIAcc核算结果之后

9.1　AIAcc向广义现金流管理会计回填什么内容

首先是全套的记账凭证流水表，只不过这是按照广义现金流管理会计的要求而进行的“财务数据分类与变换”，是不同于财务会计的另一个“账套”的核算结果。

其次是依据广义现金流管理会计恒等式编制的“现金流平衡表”（见表7－2）和“现金池存该表”（见表7－3），并直接提供当前会计期间构成“赚钱为王指标体系”五大指标值，即股权输血量、债权输血量、造血量、总赚钱、净赚钱。上述两表当然是记账凭证流水表的核算结果，再经过进一步变换而得到五大指标，其算法已经在“AIAcc中心启动运行”中介绍了。

在广义现金流管理会计方面，需要认识到，作为新兴的“有账管理会计”，既为“前AI阶段”增加了新的工作内容（例如数据治理时，在相关“信息表”要标注对应的“造血量责任中心”），更为“后 AI 阶段”带来诸多重大变化，大大延伸了让会计人员“有事可做”的流程，拓展了会计人员的生存空间，举其要者如：

1. 由于提供的是“赚钱为王指标体系”，“造血量”是其中最核心的指标。“造血能力哪家强”是每家公司都要回答的“灵魂拷问”，能够分析的内容也更加丰富多彩。

2. 由于提出“造血项目是企业发展的原动力”，描绘了企业是如何通过造血项目新陈代谢而不断进化的图景，这才是企业战略规划重点要做的工作。大致上，“如何在短期内赚钱”是战术性的任务，“如何长期可持续赚钱”才是企业最重要的战略性思考。

3. 由于提出“造血量责任中心”理念，围绕着“造血量责任中心”要设计“造血量台账核算”和“预算决算平行运行”，这就落到实处，有了具体的内部机构来主其事，这些内部机构也有了明确的业绩考核指标与激励措施。

4. 由于提出“现金流诊断”与“调控措施”配套起来的设想，借用中医的说法，“辨症”与“施治”就齐全了，借助连续不断的“辨症施治”，有望推动企业进入良性循环。

5. 由于广义现金流管理会计的指标体系是商业社会的“新世界观”，掌握这一知识体系的会计人员或有可能向投资界和商业银行信贷等“高大上”行业转移，找到新的发展方向。

9.2 简要评点“赚钱为王指标体系”五大指标

公司赚了多少钱？怎样才能更赚钱？这是“人人心中所有，人人笔下所无”的潜在信息需求，过去从未被挑明，却是深沉而持久的社会动向。需要提倡“赚钱为王”，让“利润”回归为“赚钱”，虽对会计领域颇具颠覆性，却以常人的思维方式，对人们从来就不知道的问题“公司赚了多少钱，怎样才能更赚钱”，给出精确的回答，是一种潜在的信息需求，可望刷新商业世界的游戏规则。

巧合的是，在当今国人心目中，也是“赚钱为王”的。人们终其一生的努力目标，大致可以分为三类，即“做大学问”“当大官”和“发大财”，三者的价值观本来是完全不一样的。“做大学问”的评判标准是“有否为学术大厦添砖加瓦”；“当大官”的评判标准是“有否为官一任，造福一方”；只有“发大财”评判标准才是“赚钱为王”。但是，已可观察到的现象是，有院士因“赚钱为王”而出事了，也有官员因“赚钱为王”而出事了，即便是升斗小民，也向往买个房、买辆车的滋润生活，这些都充分说明“赚钱为王”已经“跨界”，受到广泛关注，深入民心。虽然此风不宜称道，但会计不讲赚钱还讲什么？对于推动会计变革的事业而言，这反而是很可以借助的文化环境。

具体地说，公司的目标无非是“长期可持续赚钱”和“短期内赚出钱来”，即使很有情怀，强调企业的社会责任，也要自己赚出钱来了再说，用别人的钱来玩“社会责任”，那是慈善机构而不是公司。所以广义现金流管理会计的目标可以概括为“赚钱为王”。与财务会计只有“净利润”核心指标不同，“赚钱为王指标体系”由五大指标构成，因此需要对它们之间的相互关系略作评点。在第 7 章“赚钱为王指标体系的算法”中已经介绍了基本算法，我们从以下两式开始：

Δ 货币资金 = Δ 业主原始投资 + Δ 筹资性负债
+ Δ 赚钱反应堆

也就是本期的：

货币资金增量 = 股权输血量 + 债权输血量 + 造血量

这说明，如果想要赚钱的话，外来输血只能“助推”，不起直接作用，提升自身的造血能力才是唯一的途径。

将非货币资产移项，并打包放进“赚钱反应堆”之后，在“赚钱反应堆”内部的业务由于增减对抵的原因，无论会计处理如何折腾，只要还没有赚出钱来，反应堆总是表现为零，总的净值不会有任何变化。这一点非常重要，赚钱反应堆与货币资金的“同增同减”关系，使得其净值的变化规律是：

1. 当且仅当本期造血量为正时，会计处理的结果使反应堆的净值变大。

2. 当且仅当本期造血量为负时，会计处理的结果使反应堆的净值变小。

3. 除了本期造血量的变化之外，无论应计制核算怎么折腾，“赚钱反应堆”净值不会有任何变化。

假设公司成立以来从未分配现金股利，赚钱反应堆的净值也有明确的意义：

1. 当净值大于零时，表明公司已收回原来投入的全部现金并有了积累。

2. 当净值等于零时，表明公司正好收回了原来投入的全部现金。

3. 当净值小于零时，则表明公司尚未完全收回原来投入的全部现金。

本期未分配总赚钱 = 存货直接成本增量 + 投资项目增量 + 结算性项目净值增量 + 本期造血量

上述公式表明最重要的运营本质，即在本期“未分配总赚钱”的四个构成项中，只有“本期造血量”才是目标，其余的“存货直接成本增量”“投资项目增量”和“结算性项目净值增量”三项只是手段，它们之所以有必要存在，是因为拥有这些资源，才有可能通过生产经营最终达到扩大“造血量”的目的。但与此同时，“未分配总赚钱”不变的前提下，目标与手段又是“此消彼长”的关系，这是“短期内赚出钱来”与“长期可持续赚钱”之间的矛盾，需要加以权衡，用管理会计常用语，“资源的配置与优化”问题非常明确地体现在这里。

同时，总赚钱的构成中，结算性项目是唯一有可能不占用货币资金还能提供造血量的部分。从公式：

结算性项目净值 = 结算性债权 − 结算性负债

可以看到，当结算性项目净值大于零时，说明“人欠我”的更多，占用了公司的资源；净值小于零时，说明“我欠人”的更多，短暂性地利用了各类往来客户的资源，当然有利。无论如何，结算性项目净值只表明结算过程的瞬间状态，即使长期小于零，也只能认为公司的结算管理工作做得好，可以用较少的钱做较多的事而已。沿用 20 世纪 50—60 年代中国企业实行“资金定额管理”时的说法，这是“视同自有”的流动资金，理财时可以列入预算规划。但从权益的角度看，这并不是严格意义上的“资金来源”，移项到报表左边来，也是有道理的。而且，结算性项目适用的是“尽可能早收到现金，尽可能迟支付现金”的原则，只和速度有关。可见，对结算性项目如果管理得当，对造血量直接提供了重要贡献，是不可忽视的。结算性项目既然横跨“采购结算”与“销售结算”两端，中间的生产过程又与两端密不可分，相互影响，实际上牵涉企业流程如何加速的问题，有必要关注。

任何投资在没有变现以前，总是存在风险的，不可能无视这种风险。就像“一个鸡蛋的家当”故事，听起来很美，但致富的前提是：在整个过程中无论是蛋还是鸡都能很顺当地相互转化，没有“鸡飞蛋打”的现象发生，一直到现金“落袋为安”为止。更何况，任何投资的最终目的还是赚钱，作为投资者的股东最希望看到的，总归是流向自己的真金白银，而不是洒向大地的实物资产。所以，我们还需要有个只看货币资金增量的“净赚钱”指标，来与“总赚钱”相互对照，相互制约。本期净赚钱同样是以本期造血量为主体的，然后将本期已发放的现金股利倒加回来，因为那是已经提供给股东的真金白银。

本期净赚钱 = 本期造血量 + 本期已发放现金股利

当本期未发放现金股利时：

本期净赚钱 = 本期造血量

综上所述，“造血量”是赚钱为王指标体系中的核心指标，它既与“股权输血量”和“债权输血量”客观地共同描述了公司的财务状态，也与公司的两个业绩指标即“总赚钱”和“净赚钱”密切相关。

9.3 总括性的现金流诊断

类似于传统的财务报表分析，我们利用“赚钱为王指标体系”，对公司的总括层面进行现金流诊断。由于在核算过程排除了应计制的“噪声”，数据真实可信，得到的分析结果更直截了当。可以设计一些全局性的指标或比率，以便看清问题。在广泛投入实践应用后，还可望得到这些指标/比率的史上最佳值、行业平均值、行业先进值等具有标杆意义的数据，那就更有实用性了。

首先，所有公司都要直面的灵魂拷问是“造血能力哪家强”？除非正在酝酿重大变革等“大招”，大致以一年为考察周期，如果在一年内还不见造血量的话，那就是用股东和债权人的钱玩了个寂寞，不太好交代了。投资者将青睐造血能力强大（或在可预见的未来造血能力强大）的公司，商业银行将对没有造血能力的公司敬而远之，因为它们不具备以真金白银来“还本付息”的能力，只能“挖东墙补西墙”，终究是社会隐患。

其次，我们可以向股东提供其最关注的投资回报信息。股东对公司的货币资金投入，除了原始投资以外，后来赚到的、属于股东的“未分配总赚钱”参与了生产经营周转，也算是其投资。所以，未分配总赚钱与这两者之和的比率，就是股东投资赚钱率。只要将这一回报率和市场平均的投资报酬率相比较，就可以得出对公司的投资是否值得的结论。

股东投资赚钱率 = 本期未分配总赚钱/（业主原始投资平均余额 + 未分配总赚钱平均余额）

也可以仿照“经济增加值”的设计思想，得到“股东投资货币增加值”，用于观察本期是否赚到了高于市场平均投资报酬率的现金。

股东投资货币增加值 = 本期未分配总赚钱 -（业主原始投资平均余额 + 未分配总赚钱平均余额）× 平均投资报酬率

还可以考察公司为股东赚到了多少真金白银，即：

净赚钱 = 本期造血量 + 本期已发放现金股利

当净赚钱与未分配总赚钱都是正数时，根据两个指标的比值，也许可以判断公司发放现金股利的能力。

未分配总赚钱现金含量 = 本期净赚钱/本期未分配总赚钱 ×100%

在比率计算式中，经常要用到“平均余额”，由于管理会计核心报表大多是动态报表，即可以指定任意的起点和终点来划定想要考察的期间，有必要说明如何计算平均余额。

手工计算时，以一年为例，常以月度作为计算的基准时间段，从第0月月末（即1月月初）开始，到12月月末为止，共有13个“月末”时点，那么就某个账户而言，它在一年中的平均余额计算公式为：

平均余额 =(0月月末余额 +1月月末余额 +2月月末余额 +3月月末余额 + … +12月月末余额)/13

在传统上按年度、季度或月度考察，不需要太高精确度，特别是手工计算时，这么算是无可厚非的。但是，如果指定的时期起点和终点是任意的，计算平均余额的基准时间段就不宜用日历月度了。可以采用每天都计算的方式，算法还是同上一样的思路，所得结果更为精确，只不过需要让计算机来代劳而已。以分析日作为“当前日”，向前划定360天作为与其对应的“当前日年度”，某账户在一年中的平均余额为：

平均余额 =(第0天余额 + 第1天余额 + 第3天余额 + … + 第365天余额)/366

不失一般性，设划定n天的分析期间，D_i为某账户第i天终了时的余额，从第0天开始，到第n天终结为止，这个期间内：

$$平均余额 = \sum_{i=0}^{n} D_i/(n+1)$$

9.4　造血项目是企业发展的原动力

上文的总括性诊断提供了关于企业整体经营成果的结论。仍然有点遗憾的是，无论结论是“很好”“一般”还是“不好”，我们并不能清晰地知道这结果从何而来，受到什么因素影响，如果想改变现状的话，也不知道该从哪里下手，如何下手。所幸在五大指标中“造血量”还可以继续向下分解，评价细化后的公司内部状况。

以产生造血量为目标，具有可辨认现金收入和现金支出的投资项目，称为造血项目。造血项目是公司造血量的最主要来源。举凡企业的各类生产线、各种商品经营、各种理财产品、各种保险产品、各种服务性业务，等等，只要能够基于可辨认的收支，可以为其组织单独核算的，都可视为造血项目。有的造血项目又可以进一步细分为子项目，例如某生产线所生产的三种产品就是它的子项目。

此类项目是公司发展的“原动力”，产生了绝大多数的造血量。公司当然可以有伟大的理想，但是首先要在到达终极目标之前还能活得好好的。除了“输血”行为之外，更重要的当然是从各个造血项目产生更多的造血量，以避免资金链断裂、“出师未捷身先死”的遗憾。所以，确保每个项目的造血能力，是“短期内赚出钱来”的根本。

如果经过努力，所有项目的造血能力提升仍然有限时，努力目标就指向了开发新项目的必要性。公司如果只靠少数造血项目存活，并且一味守成、不思进取，那么一旦时过境迁，原有的项目不再具有造血能力时，也是公司准备关门之日。

9.5 造血项目投资与造血项目运营

项目投资决策非常重要，现在正在为公司赚钱的造血项目，其实就是过去长期投资决策所留下的既定结果。尽管现在很赚钱，也要不断探寻投资未来项目的可能性。钱都是从一个个项目中赚到的。项目是否成功，取决于其科技含量、社会评价、造血能力等诸多方面，所有项目的合力，决定了或勾画了公司的总体形象。

从公司初始的造血项目开始，就要持续不断地投入新的造血项目，造血项目不断迭代更替的过程做好了，例如，新上的项目具有更领先的科技水平，更高的市场占有率，可以确保更强的竞争能力，就部分地促进了公司的转型升级，就逐步地勾勒出公司运作的总轮廓，决定了公司的“规模”或“厚度”，也大致确定了公司的核心价值和社会影响力。当然，要开发新项目是需要经过深度研发的，最好有所超前，能否基于创新能力和研发实力，设计出足够多的备选项目，决定了公司的长远发展前景。

在造血项目投资中有意义的是，从一些企业的成功案例，也可以抽引出与"万有引力"类似的共同规律。例如，社会上总有些人们自己都还不太明白、说不清楚的需求，可以称为"潜在需求"，一旦有人率先看出来，挑明了，并身体力行地去满足了，就可能得到巨大成功。关键是要能够超前地辨识这些潜在需求的"痛点"，并设法去满足它。

马云通过"支付宝"等第三方支付手段，解决了人们在网上交易时的"信用缺失"问题，极大地推动了电子商务的顺利发展（严格地说，这本来是国际贸易中银行信用证模式的简化版，由于当年商业银行不能满足此类草根生意的潜在需求，才为淘宝留下了机会）。

马化腾则满足了人们的潜在社交需求，足不出户即可低成本地自由沟通，同样也成功了。这些都是发现并满足潜在需求的成功案例。

在这里，所谓"企业战略"并不是空洞的，而是有了明确的体现。反之，如果处理不好，更常见的是，公司的"多元化经营"全面出击，结果反而到处"出血"，成了收拾不了的烂摊子。所以在大致上划分，"如何在短期内赚出钱来"是战术性的任务，"如何长期可持续赚钱"才是企业最重要的战略性思考。平衡好"长期"与"短期"的关系，造血项目不断新陈代谢，不仅能够“短期内赚出钱来”，还可望力保“长期可持续赚钱”。

另外，当公司作出投资某个造血项目的决策，在该项目投入生产经营后，由谁来管，怎么按预算进行管理，以确保赚钱，就提上议事日程。所以公司的经营管理，说白了只有两件事，造血项目投资和造血项目运营，前者一般是长期投资决策，后者一般是短期经营决策。

9.6 造血项目需要有“造血量核算”

核算每一个造血项目对公司贡献的“造血量”，对管理层“关停并转扩”提供了决策依据，所以要确保每一个造血项目的所有现金收支都纳入核算，以免决策失误。为了便于核算，有时需要进行组织机构的拆分与归并。举例来说，常见的企业管理模式都会设储运部门，需要占用场所、车辆、人员和现金等资源，统管企业的物流进出。假设公司共有 10 个造血项目，其中有 5 个项目的运营需要其提供服务，另外 5 个完全不需要。我们面临的难题是，为了和不需要储运部门服务的造血项目站在“相同的起跑线”上接受评估，应该如何处理储运部门的资源占用和费用开支？

最有效的解决思路，大抵上是将切不开的、业务上有持续资源转移关系的项目适当归并在一起，建立“事业部”，即较大的造血项目。同时，适当拆分原有的供应、仓储和运输部门，分别划到各造血项目之下，也就可能达成现金收支“两头在外”了，这是比较理想的做法。这样，无论是买下来晒太阳的地产项目，钱投出去就等着收现金股利的长期股权投资项目，可以锁在保险箱的理财产品，要占用大量资源的自营生产项目，等等，都一律以现金收支两头在外的“原始状态”示人，便于统一考察和准确评估。

尽管这种拆分方式要求组织结构作较大的变动，还是难免有造血项目之间的资源转移现象，在核算设计上要加以考虑。

9.7　造血量责任中心制度也需要造血量核算

另一个问题是在造血项目之外，还存在不归属于任一造血项目的内部机构，如财务部、研发部等，这些机构无造血功能，其日常运作却需要“用血”，也必须将造血量细化核算。这就是从“人”的方面考虑的造血量责任中心制度。

在人、财、物三个要素中，“人”是唯一具有主观能动性的，物料是因人的工作而消耗的，费用是因人的工作而发生的，收入也是人的全部工作所带来的结果。显而易见，人力资源对企业起到多大的作用，要为人力资源花多少钱，在很大程度上取决于对人力资源该如何评估与如何激励。

最难的，是对高级人才的评估和激励，如高层管理者、高级研发人才，等等，他们甚至可能具有“不可替代性”，所幸这等“大神级”的人物往往是由董事会直接考核、直接聘用的，我们也就可以先避而不谈这个问题了。

不过，即使是下降到稍为清晰些的中下级层面，也仍然困难重重，原因是“责任、权力和利益”三者应该如何匹配，三者是不同质的，其间的关系不容易摆平，也就难以准确地评价和激励企业的人力资源。由于它们事关“人”的主观能动性，都含有“虚幻”的、不可描述的成分在内，虽然理论上可以在书面方案中描述制定出来，但未必达到最好的效果。对于具体的每一位员工，他有自己的长处和短处，也有各自的追求和期望，确实不容易评价，不容易在人与人之间相互比较，遑论精准激励了。

解决问题的思路是，个人是归属于公司的某个内部机构的，这个内部机构对公司的贡献是其所有成员贡献的“合力”。那么是不是可以只聚焦于该内部机构对企业的直接贡献和间接贡献，从这个角度对其进行评价与激励？而且，当这个内部机构被进一步划分为只是少数人的组合甚至是个人时，实际上也回避了“责任、权力和利益”三者难以摆平的麻烦，转化为员工在哪个机构更合适、更能发挥作用的问题。

可见，企业需要有这样的内部机构和相应的核算，即管理会计常提及的“责任中心制度”，来承担员工激励与业绩考核的任务。

仔细考察后可以发现，“赚钱为王”的五大指标中，也只有“造血量”指标既能反映公司整体情况，又能向下分解，反映细分后内部机构的贡献，而且其数值无论是正是负都有实际意义，再次体现了它作为公司核心指标的优势。所以，可以包容员工的个人贡献，其业绩又可以借助造血量指标进行比较和考核的内部机构，就叫“造血量责任中心”。

9.8　通过虚拟案例分析来厘清设计思想

“造血量责任中心制度”与“造血项目”类似，都要面对如何细化核算造血量的难题，但两者关注点略有不同，最好能有将两者合并考虑的核算方案。我们先通过虚拟的报业集团案例分析，来厘清一般性的设计思想。

假设某报业集团办有日报、晚报和财经报三家子报。除管理部门外，印务中心专门负责三家子报的印刷事宜，发行中心专门负责三家子报的发行事宜，广告中心专门负责三家子报的广告事宜。如果将这些部门都作为责任中心，凡是难以认定的杂项现金收支都归属于管理部门。这样，可以认定归属的现金收支是：发行中心、广告中心和管理部门既有现金收入，也有现金支出；印务中心、日报、晚报和财经报都只有现金支出。

这种原始状态的现金收支，是客观的现金流事实，不难把每笔现金收入或现金支出认定到各责任中心上，还可以另设“管理部综合责任中心”用于包容有疑难的收支，也是不难做到的。不过，直接认定后的现金流数据并不见得有用，令人困惑的是：

三家子报的全部广告收入是由广告中心出面收取的，这一项收入通常要占报业集团总收入的绝大比重，广告中心却只需要几位人员，负责开票收款和广告版面设计而已，该中心的员工会不会误以为所有部门都是自己养活的，所以要求重奖？

全部发行收入是由发行中心出面收取的。不过目前报纸订费都不高，征订和送报又是实实在在的活儿，收到的钱未必能剩下多少。

另外，印务中心承担了纸张、油墨、直接人工等所有印刷费用，却永远是“只会花钱不会来钱”的，该中心的员工会不会因此老是灰溜溜的，特没成就感？

更重要的是，对三家子报而言，其各自的发行收入和广告收入，是市场对其办报效果的最直接反馈，到底是哪家子报对报业集团的贡献最大？我们也无从知道。

可以直观地感觉到，只有日报、晚报和财经报才是核心的造血项目，是责任会计核算最应关注的。但现状是，各子报的业务流程高度相似，报业集团出于集中管理效率高的考虑，并不打算采取组织措施，将供应中心、印务中心和广告中心等拆分开来，分别归属到各子报上。所以，在理解上，应该认为整个报业集团属于同一个造血项目，而三个子报分别是其子项目。

在这样的现状下，我们只能采用中心之间“原始状态的现金收支＋内部现金划拨”的方式来组织报业集团的责任会计核算，即在已知原始现金收支状况基础上，还需要更进一步的调整。基本思路是，可以根据各中心相互的实际贡献，视同中心间的现金交易，进一步作“现金划拨”。就本案例而言，可以这样设想：

广告中心只是广告收入的出面收取者，顾客之所以选择在某一家子报上作广告，是对其办报影响力的认同，所以广告中心可以按三家子报广告收入的预定比例（例如测算后定为5%），留下来作为自己代接业务和版面设计的“现金收入”，其余的分别在账上“内部划拨”，还给三家子报。这样，实至名归，三家子报就有广告收入了。

发行中心也只是发行收入的出面收取者，同样可以按三家子报发行收入的预定比例（例如测算后定为60%），留下来作为自己上门征订、上门分发报纸等的“现金收入”，其余的分别在账上“内部划拨”，还给三家子报。这样，三家子报也有发行收入了。

印务中心可以按三家子报的印张大小、印刷要求等，根据测算，分别预先确定印务单价，乘以实际的印张数，向三家子报收取印务费用，这样印务中心也有了自己的“现金收入”。与此同时，三家子报也有了印务方面的“现金支出”。

……

也就是说，要在直接认定现金收支的基础上，进一步用虚拟的责任中心间“内部现金划拨”加以调整，将双方相互提供产品或劳务的行为，视同“内部现金交易”，“有收必有付，收付必相等”地在双方名下同时作“内部划拨”，诸如此类的划拨行为，要经过内部的“讨价还价”，实际上是有理有据的“再分配”，可望准确反映每个造血子项目的实际成果。

9.9 分析造血量责任中心的核算结果

还以报业集团为例，试分析造血量责任中心的核算结果。

通过以上的“内部现金划拨”过程，分别汇总每个责任中心本期的“现金收入”和“现金支出”，我们就可以清晰地看到，日报、晚报和财经报这三个造血的子项目分别对报业集团贡献了多少造血量，既有助于集团高层作出大格局上的“关停并转扩”决策，也可以有充分依据地“论功行赏”。

通过“内部现金划拨”，还有助于发现可能存在的“资源配置过剩”现象，这在多个造血项目“共享”的某些业务环节上最常见。这类“多项目共享”的责任中心，如本例的广告中心、发行中心和印务中心等都是，它们同时向多个造血项目提供劳务，除了自身发生的原始状态收支外，也用内部划拨的各种收支加以调整。假设“内部划拨”是有理有据、可靠可信的，那么在“内部划拨”完成后，可以进一步考察各责任中心的资源配置是否恰当，有没有过度配置的情况。

首先计算其（现金收入 - 现金支出）。如果收小于支，差额为负，明确提示该中心存在“短期资源配置过剩”的现象，原因或者是人员配备过多，或者是对该责任中心的开支控制过松，等等，必须有针对性地采取措施，如减少人员、限制某些开支等；如果收大于支，差额为正，还可以进一步计算该中心虚拟的“内部投资报酬率”：

内部投资报酬率 =(现金收入 - 现金支出)/长效贵重资产

如果“内部投资报酬率”低于市场平均报酬率，则揭示该中心存在“长期资源配置过剩”现象，原因可能在于：

一是机器设备的设计产能大于实际需要的产能。在本例中，假设印务中心的设备产能超过了三家子报的总需求，形成闲置产能。

二是历史形成的原因。如大中型城市一般都要建设会展中心，这些投资项目都会偏于奢华，造价很高，在可行性方面经不起“投资回报率”之类的考核，但从宏观方面考虑，又确有必要建设，所以往往由市级财政承担了投资。由于项目本身在经济考量上是“先天不足”的，这长期投资既然不是接手的经营团队参与决定的，当然也不应该让其接受“投资回报率”之类的指标考核，因为肯定完不成，也没人愿意陪你这样玩。所以，可行的做法是对经营团队事先作出业务方面的具体要求和必须上缴的金额，在现有条件下由经营团队去自主经营。

三是实际情况发生了变化。例如，在“邮电合营”时，营业大厅里同时开展着长话、电报、传真、信函、包裹、集邮、报刊等业务，利用率很高。而在邮电分开后，电信另寻办公场所，原来的营业大厅便冷清了许多，需要及时扩展用途。我们也可以看到“邮储银行”“邮局咖啡”等业务的相继出现，这是为避免“长期资源配置过剩”所作的努力。

9.10 造血量责任中心的台账核算

从报业集团案例分析可以得到许多启示，不失一般性，在造血项目作为重要责任中心也纳入核算的前提下，本节探讨如何组织造血量责任中心的台账核算。

造血量责任中心都是内部机构，理论上要由财务部门统管货币资金调度与对外结算业务，对资金筹措和结算方式等作出专业决策。因此，责任中心在购进时不必操心是支付银行存款、库存现金还是应付票据等，在售出时也不必操心是收到银行存款、库存现金还是应收票据等，这些都由财务部门专管了。总之，要确保企业内部各责任中心得以专注于完成自身职能，而不受对外结算具体形式的影响。不过，也要有具体措施来规范财务部门与责任中心的关系，避免因财务工作没做好，直接影响到责任中心的业绩。例如，责任中心需要的原材料因付款不及时以致停产的情况。

1. 要确定有多少个造血量责任中心

我们已经知道，最重要的是识别出其中真正的“造血项目”，并以此作为核算的主要脉络，因为这些责任中心才代表企业发展的原动力，企业绝大多数的造血量都在其中产生，准确的造血量核算也才最有意义。至于性质上不是造血项目的其他内部机构，如研发部、财务部等，往往是“用血中心”，设立重点并不在其用血量大小，而在于自身业务职能是否完成，但为确保造血量细化核算的完备性，也要根据业务性质和管理要求等的不同，分别确定为造血量责任中心。

确定造血量责任中心是一个漫长的思考与调整过程，要逐一检视其归属还不太明朗的部门。由于专业化分工的效率高，难免有相当多的职能部门同时服务于多个造血项目，例如把所有检验工作都放在质检部门，把所有的物料收发存工作都放在储运部门，等等。对于诸如此类的部门，能拆分到造血项目的直接拆分。不便拆分的，也要先归属到某个责任中心上，以后再通过“内部现金划拨”来处理责任中心间的资源转移。

面对业务的复杂性，本着“所有造血量都有来源，所有用血量都有去处”的原则，不妨再设置一个“回收站”性质的“综合性责任中心”，用于收纳综合性、偶发性的现金收支业务，如缴纳所得税、企业获奖、接受捐赠、被罚款项，凡是难以认定的现金收支都归属于这个中心，这样也就完备了，达到所有的现金收支都有其归属。

2. 数据标注

造血量责任中心定名之后，在对记账素材的数据治理时，就要在相关信息表上事先对现金收入和现金支出项目标注上其所属的造血量责任中心。

3. 核算造血量责任中心台账中的“原始状态现金收支”

造血量责任中心台账如表9-1所示，说明如下。

建账时，现金流平衡表上的存货、固定资产、无形资产、长期待摊费用等余额，据其所属部门逐一分解到已定名的责任中心的“期初累计”栏；

造血量责任中心的“现金收入/现金支出”都是广义理解的。责任中心的现金收入，既包括销售商品/提供劳务的收入，也包括变卖本中心多余原材料/长效贵重资产的收入，还包括向其他责任中心转移资源所取得的“内部划拨金额”。责任中心的现金支出，既包括直接对外采购的现金支出，也包括公司向其提供资源、发放工薪、报销费用，还包括从其他责任中心取得资源而支付的“内部划拨金额”。在广义现金流管理会计编制“记账凭证流水表”时，AI会计依据相关信息表的数据标注，已经对有关“对外收款”和“对外付款”的记账凭证流水标注上责任中心名称。当记账凭证回填到碳基岛后，编制台账时可以筛选出“责任中心名称”不为空的记账凭证流水，就已经完成了除“内部现金划拨”以外的数据内容。

4. 造血量责任中心台账中的“内部现金划拨”数据

一般来说，作为责任中心之间内部现金划拨依据的，大致有如下三种形式：

（1）按事先约定的金额划拨。责任中心之间，可以酌情采用双方约定的金额来划拨。例如，对两个或两个以上责任中心合作完成的某项业务，出面收款的责任中心事先承诺，愿意分给其他合作方若干金额，并给出“内部划拨凭证”作为依据。这样就提供了更大的灵活性，既适用于不易确定内部划拨价格的多品种小批量业务，也适用于服务业的情况，以及各类偶发性业务。对于这些业务，没必要花费代价来制定内部转移价格，双方就事论事地讨价还价，达成共识就行了，这也可以作为很容易就僵化了的“内部转移价格体系”的有效补充手段。

为便于各责任中心之间的内部结算，公司可以设计“内部划拨凭证”，由双方主管在线签署，允许在本中心名下划出/划入“现金”，作为责任会计的核算依据。这可以促进“模拟市场核算”的氛围，而且灵活易变，适应性强。

（2）按事先约定的金额比例划拨。责任中心之间也可以就某一收入或支出金额，事先确定一个划拨比例，作为双方内部结算的依据。如上述报业集团案例的广告收入，就是按各子报广告收入的95%，从广告中心划出去，还给各子报作为自己的广告收入的。

（3）按内部转移价格划拨。在传统管理会计的文献中，对内部转移价格已有相当深入的探讨。需要注意的是，制定内部转移价格时，只考虑生产直接成本，即直接材料、直接人工和其他直接成本，而不考虑生产间接费用，这可以避免因管理效率的差别而影响到测算的准确性。半成品有相应市场价时，可以参考市场价格，也可以由交接双方商讨，经过测算和“讨价还价”后确定。

属于制造部门的责任中心，“现金收入”以内部转移价格为依据，接受的上游产出品和自己耗用的原材料，也以内部转移价格计价。可见其努力方向有二。首先是“增产”，产出品数量越多，按内部转移价格计算的收入越多；其次是“节约”，所耗用的上游产出品和直接原材料越少，成本就越低。所以，通过造血量的方式，能有效地同时激励增产与节约的行为。

不过，应当指出，全套的内部转移价格既不易制定，也很难顺应市场变化而及时调整，在原材料和产成品的市场价格瞬息万变时更是如此，制造业在采用前是要考虑清楚的。也许，“收支两头在外”，全程打通的“拆分方式”，可望减少上下游环节之间的内部现金划拨，是更适合于多步骤制造业的组织形式。

表 9-1 造血量责任中心台账

日期	责任中心	摘要说明	建账累计	本期收入	本期支出	数据来源	来源编号

造血量责任中心台账完成后，我们按责任中心分别汇总起来，并按本期造血量从大到小地排序，便得“责任中心造血量排行榜”，如表 9-2 所示。其中造血量为正，且排序在前的责

任中心，一般就是“造血项目”了。依据造血量大小，将其列入榜单一并观察，是基于如下的逻辑思考：

1. 运行造血量责任中心需要有资源投入；

2. 企业所能掌握的资源总是有限的；

3. 需要建立客观评价所有造血量责任中心的标准；

4. 根据这样的评价标准，所有造血量责任中心的运营结果，形成清晰可比的排行榜；

5. 排行榜可以为责任中心的“关闭、停产、合并、转产、扩产”等决策提供客观依据，启示管理层及时地对资源重新配置，确保企业走上良性循环。

表 9－2　　责任中心造血量排行榜

年　月　日

序号	责任中心	摘要说明	期初累计	本期收入	本期支出	本期造血量

9.11　造血量责任中心的业绩考核

有必要强调指出，造血量不是“业绩指标”，而只是“状态指标”，某个责任中心有造血量了，并不意味着它已经有了好的业绩，说不定它本该做得比目前更好。另外，某个责任中心只能“用血”，也并不意味着它不该存在，说不定它在自己的职责领域（例如研究开发）为企业作出了重大贡献。所以对责任中心直接的造血量核算，“责任中心造血量排行榜”只是“决算结果”，可以用于造血项目的“关停并转扩”决策，但不能用于评估或激励员工，还需要为每个责任中心事先建立“预算目标”，作为所下达的任务。并借助于“预算目标”和“决算结果”的对比，进行差异分析，才是对责任中心的业绩考核，而根据考核结果“论功行赏”，就是直接的激励了。本节讨论造血量责任中心的预算编制原则。

一般来说，可以认为“未来是过去历史的合理延伸”，除非有明确迹象提示“引致剧变的拐点即将到来”。所以，预测未来期间的最主要方法，就是在现有生产经营活动的基础上，努力确认未来将发生什么重大的变化，然后据此对过去期间的数据进行修订。或者说，在过去业绩的基础上融入预期的未来变化。基于这样的考虑，预算编制是从“责任中心造血量台账”开始的。

预算一般是按年度编制的，但出于滚动预算的考虑，1 个月的预算期执行完了，就要补上 1 年后那个月度的预算，持续保持 12 个月的前瞻视野，从而自然有了年度预算。对历史数据的利用，最好采用“预算月度参考往年同月度的决算数据”的方式，例如，在编制明年 1 月预算时，主要参考的是今年 1 月的实际台账数据。这是因为，人们感觉到的所谓产品销售有“淡季旺季”之分，原料采购价格有“周期性涨落”等，往往表明市场存在某种未知的规律。这样做，在无形中会使预算更符合外部市场变化，更具准确性。所以，造血量责任中心预算最好是在管理会计核算已经实施 1 年后。这时，过去一年的责任中心造血量台账已经编制完成，有了翔实的历史数据可供利用，也可以“同月对同月”地利用。

首先是预算期间的责任中心调整。预算期间如有推出新造血项目的计划，要依据“可行性研究”中的财务预算数据，填列到“责任中心造血量预算”中；预算期间如有依据“责任中心造血量排行榜”作出的“关停并转扩”决策，也要反映到“责任中心造血量预算”上；这样就形成有待编制预算的责任中心名录。

其次是逐一考虑每个责任中心在预算期间是否有可供优化之处。“责任中心造血量台账”上标有“来源凭证”，无论来源凭证是“记账凭证”还是“划拨凭证”，都是实际发生的业务，仔细观察这些业务，该责任中心是否在预算期不会再发生这一业务了，是否在预算期可能收到更多现金，是否在预算期可能少支付现金，是否在预算期会产生新的现金收支业务……将思考结果用于调整台账上的决算数据，形成预算数据，也填列到“责任中心造血量预算”上。

最后，要进行全公司范围内的综合平衡。由于前述的责任中心划分的完备性，便有每个期间的：

$$\text{公司总造血量预算} = \sum \text{责任中心造血量预算}$$

这样得到的预算期间公司总造血量是否满足高层管理的目

标；某个责任中心的造血量预算是否能为该中心成员所接受并积极推行；为达成预算目标是否有配套的奖罚措施；……都是需要充分讨论甚至“讨价还价”的。

在管理层为各个造血量责任中心分别下达了期间的造血量目标，并在实际运行后，就可以给出如下的“责任中心造血量预决算分析表”（见表9－3）。通过评估，借助于激励手段，促使责任中心作出其应有的贡献，这才是对造血量责任中心的业绩考核。

表9－3　　　　责任中心造血量预决算分析表

年　月　日——　　年　月　日

责任中心	收入			支出			本期造血量
	预算	决算	差异	预算	决算	差异	

完成了造血量责任中心制度的设计，明确了员工的业绩考核与激励措施，企业内部的不断改进就有了“抓手”和动力，现在需要进一步探讨的主要是方法与措施问题了。

9.12 “现金流诊断”与“调控措施”

回想一下传统财务分析课堂的场景。财务会计已经深受

"应计制"造假行为的侵蚀，那么要从真假混杂的财务报表中看出公司的真相来，确实并不容易。老师们做到了，"庖丁解牛"般地条分缕析，娓娓道来，难免面露得意之色。道行尚浅的学生们则"听君一席话，胜读十年书"，对公司真相作恍然大悟状。这样就结束了美妙的一堂课，略有遗憾的只是，"真相浮现了，然后就没有然后了"。

为与传统财务分析有所区别，从赚钱为王指标体系出发，以广义现金流为主线的新型财务分析就叫作"现金流诊断"。

多年前曾见过一篇小文章，某电镀厂财务部从账上发现，一段时期以来，生产费用中的"用酸成本"均比以往提高，而盐酸价格未见变化，显见是用量提高了。他们因此"越界"到生产现场察看，发现酸洗池有条不起眼的裂缝，及时修补后用酸成本就恢复正常了。这案例虽小，对于理解"现金流诊断"与后续的"调控措施"的关系，却恰恰很有代表性。

其一，通过"现金流诊断"最易看出问题。本例中，账面上的"用酸成本"前低后高的变化，前后期数据一对比就见分晓，而因为渗漏量不大，即使是天天亲手往酸洗池加酸的生产人员也未必能发现。

其二，发现问题后一定要有后续的"调控措施"，两者是密不可分的。如果和传统财务分析一样，还是"点到即止"，不涉及该如何进一步处理，这个发现再伟大也是白搭。

在 AIAcc 中心向碳基岛回填其核算结果"赚钱为王指标体系"之后，要利用这些信息进行"现金流诊断"，发现问题后才会引出对“调控措施”的需求。借用中医的说法，前者是发现问题的“辨症”过程，后者是直接解决问题的“施治”过程，这两部分相辅相成，确保企业改正问题。然后是在“辨症施治”后及时看到结果，再次现金流诊断发现新问题，再次采取调控措施……“按下葫芦起了瓢”，改进后又可能发现新情况，又可以开源节流，企业也就进入了越改越好的良性循环过程。这也大大延伸或扩展了会计人可以介入的“后 AI”领域，可望提供全新的就业机会。

9.13 现金流诊断的思维方式

血液是人体最重要的循环系统，从血检报告的一些指标，可以大致判断人体的健康状况。如红血球与氧气输送能力有关，白血球与免疫能力有关，血小板与修复能力有关，等等。

现金流也是企业最重要的循环系统，从现金流的构成、流速等指标，也可以大致判断企业运营状况，有助于清晰地透视公司全貌，是“辨症”的过程。所以现金流诊断是透视企业的极其有效的利器，是一种从中看出问题来的能力，甚至可以说是关于企业的“世界观”。下文将从各方面展示现金流诊断的应用，虽未必有条理，但应该有助于读者形成现金流诊断的思维习惯。

以前已经谈及现金流数据的“可比性”和“连贯性”。把公司看作“现金池”，着重于从外部观察“现金流入”与“现金流出”的方式，从本质上说，属于“黑箱方法论”。我们知道，温度计有水银温度计、酒精温度计和热电偶温度计等，各种不同的内部结构，各种不同的温度换算方式，但从外部来看，只要它们对同样的输入（外部温度环境），会产生同样的输出（温度指示读数），那么从“黑箱方法论”来看，这些温度计都是“同构”的黑箱，它们的内部差异不再那么重要。与此类似，把公司看成是有现金流入，也有现金流出的“现金池”，不必打开“黑箱”，只要观察输入和输出，就回避了实物品种数量等具体差别，回避了行业和工艺技术流程等具体差别，还能有效推断公司赚钱的效率。而对各种生产经营流程、各种投资项目、各种责任中心等，都将其看成是现金池，像“俄罗斯套娃”一样，从上到下，由外而内地一层层剖析之后，我们的大局观念已经自然而然地形成了，该怎么做也胸有成竹了。

老是有人说，管理会计是“财务信息”与“非财务信息”并行的，笔者一向不以为然。因为非财务信息只适合于解决具体问题，作用于较低的层面。过多地关注各种非财务信息，难免立足点很低，只能看到“一地鸡毛”，没法形成对公司的总体印象。只有借助广义现金流视角，才能真正地从高处俯瞰全局。而且，这是适合于“跨界普及”的。一般所说的会计普及，是对有志于会计专业的人士，或者说对会计“圈子里”的知识普及。跨界普及则不同，它指的是同时对“圈里圈外”的人士，即对大众的会计知识普及。有必要指出，尽管会计人员会有些优势，但是现金流诊断已不再是会计人员专有的工作技能。在跨界普及之后，掌握了这一分析利器的总经理或部门经理们也可以不等不靠，在工作中自如地运用现金流诊断工具，提升管理水平，结果自然不可同日而语。

9.14 直接成本与间接费用

假设有家酒楼，每天营业结束时，想知道赚没赚钱？最粗略的算法是用酒楼当天的全部收入减去当天的全部费用，就知道赚多少了。但是，每天剩下没有用到的食材、酒水等实际上是属于“存货”，这样计算的赚钱额没有考虑存货每天会有变化，是不准确的。所以，还可以改进一下，“以存定耗”地确定本日费用：

本日费用 = 上日盘存 + 本日费用开支 - 本日盘存

根据以上的算法，虽然可以把当天赚了多少钱算出来了，但还是不能满足管理要求。

酒楼是按顾客的点菜单来收费的，每一点菜单上分别标明了有多少道菜，各是多少元，合计应收多少元，等等。既然收入是按点菜单收取的，却不能提供每一份点菜单的“直接成本”。结果是，基本上不知道钱是从哪里赚出来的。为了多赚钱，谁都知道要“增收节支”，却不知道该从何下手，这是管理上常见的问题所在。

一笔业务是不是赚钱，赚到了多少钱，常识告诉我们，要从现金收入里减去其“直接成本”以后才能知道。所以，我们组织成本核算的目的就很明确了，现金收入是怎么计算来收取的，所提供的直接成本就应该尽可能地迎合该收入模式，这才便于分析。酒楼收入既然是从每一拨消费的客人那里取得的，至少粗略算出他们所耗用的主要食材酒水的“直接成本”，就可以判断从他们身上赚到多少钱了，不同消费水平的客人会带来不同的“赚头”，这当然是有市场分析价值的。如果能更进一步，由于收入是按菜品价格计算的，核算出每一道菜的“直接成本”就更好，这还对菜品设计和菜品定价都有重要参考作用，有助于创新。换言之，如果所有开支都是“间接费用”，而没有“直接成本”，则不能指明改进的方向。所以，组织成本核算时要尽可能地迎合收入计价模式，提高“直接成本对现金收入的配比度”。

同理，对于制造业来说，如果收入是按单位产品售价乘以数量计算的，成本核算就该提供每单位产品的直接成本。产品的“现金收入”与其“直接成本”，代表责任中心内部更小的一组“现金流入/现金流出”关系，实际上还是“造血量思维”在造血量责任中心内部的细化应用。

这个“直接成本/间接费用”的两分法特别有意义，直接成本高了，现金收入扣除直接成本后所得的差额就少了，自然要设法压缩。降低产品直接成本往往是重中之重。它是产品定价的底线，如果产品的不含税售价低于其直接成本，这个产品就是“现金黑洞”，做得越多，亏得越多，对公司只有负贡献，要立即叫停。在清仓拍卖时，也要尽可能让价格高于直接成本，过低就是人们常说的“跳楼价”，连本钱都收不回来，无法维持下去。

至于间接费用，其发生时大致有两种情况。

一是生产管理粗放。直接成本的精确度其实还取决于管理基础工作，粗放的生产管理环境会妨碍直接成本的认定，通过改变条件，提高管理的精细化程度，原来的“不能认定”也会转化为“能够认定”。例如，全公司共用一个电表时，电费无法认定到各生产线上，此时切忌采用“理论用电量”之类不靠谱的推断，因此只能把电费作为间接费用处理。但是，如果每个生产环节都有分电表来计量，电费就是直接成本了。所以，要不断采取有效措施，向精细化管理发展，促使直接成本越来越符合实际情况，越来越准确，也就更有助于正确的决策，可以说，间接费用的存在，使直接成本具有“可进化性”。

二是发生原因不明。排除了第一种情况后，某种开支既然看不到它与收入的直接关联，可它还是发生了，自然会令人感觉有些“诡异”，要设法查清源头并清除之，避免以后再次发生，这也是广义现金流管理会计的另一努力方向，而且往往立竿见影。

实务中，一般是先认定直接成本，然后采用“排除法”，凡目前无法归属于直接成本的，就是间接费用了。这里所说的

“间接费用”，与财务会计分类的口径有所不同，是从传统的“管理费用”“销售费用”和“制造费用”中，打捞出“其他直接成本”以后，我们才把还剩余的那些费用称为“间接费用”。而由于“此消彼长”的原因，直接成本占比提高了，不易分析的间接费用占比也会降低，这意味着管理基础工作更坚实，管理精细化的水平更提高了。

9.15　从“造血量”视角看待联产品成本分配

对于制造业，传统上会计往往局限于成本费用与收入的关系。“造血量责任中心”的业绩理念提示我们，有时更应该关注的是“现金流入”与“现金流出”的关系，因为责任中心的造血量是由广义的“现金流入 - 现金流出”决定的，视野更宽广。作为应用的例子，会计上有一类“联合成本”如何在联产品之间分配的问题，基本上是无解的。本节从造血量的角度重新分析，也许有不同的结论。

在自然界广泛存在着物质的“伴生”或“共生”现象，例如铅锌伴生矿、众多化合物所构成的石油，等等。对于这类伴生的物质，生产制造过程就是分解物质的过程。以氯碱行业为例，第一个物料变换环节，是让饱和食盐水经过电解，结果分解成气氯、气氢和“电解母液”（以氢氧化钠为主要成分），表现为一个“分离点”。分离点以前是“联合生产过程”，经过这点的变换以后，原来投入的原料变成了两种或两种以上的不同产品，这些产品就称为“联合产品”或“联产品”。在会计看来，分离点以前投入的开支叫“联合成本”，分离点之后投入的开支就是各联产品自己的后续加工成本了，如“电解母液”还要投入提纯成本，才能得到氢氧化钠（烧碱）。现在的难题是，怎么把“联合成本”由各种“联产品”来联合承担，分摊为其各自的成本？

换个容易理解的实例，假设肉类联合加工厂收购 1 头毛猪用了 5000 元，加上屠宰费用 200 元，这 5200 元就是“联合成本”。“宰杀分离点”以后，就有猪脑髓、猪头皮、猪大肠、猪脚、里脊肉、五花肉……五花八门的“联产品”同时产生，分离点以后追加的加工费用都是不难直接跟踪认定的（如制造火腿肠还需要追加淀粉成本），难的是怎么处理联合成本，各种联产品应当分摊多少联合成本？

传统上财务会计是依靠“职业判断”来解决这一问题的，可供选择的分配标准有许多，例如根据联产品的产量、重量、成分比例、在市场上的售价、扣除后续加工成本之后的净售价，等等，认为哪个更重要就选哪个作为分摊标准，据此把联合成本分摊到联产品上。例如，原化工部会计司就曾作出统一规定，在电解食盐水的联合成本中，气氯要分摊 60%，气氢分摊 4%，氢氧化钠分摊 36%，然后加上分离点后发生的成本，就是各自的产品成本。一锤定音，皆大欢喜。

可是，严格地说，联合成本如何分配的问题，在本质上是无解的，因为只有“造物主”才知道，它在形成每一个原料成分时，各投入了多少“成本”。会计人员这么做，岂非“替天行道”，也太狂了吧?! 何况，如此主观武断处理，随意性太大。假设换个说法，氯碱行业规定分摊比例是气氢40%，气氯20%，氢氧化钠40%，谁又能说是错的？对于肉类联合加工业，同样的道理，你可以说里脊肉好吃卖价高，应当多分摊些成本，但在创意产业兴旺的今天，“吃啥补啥”，猪脑髓浓缩了猪们的“思考结晶”，难道就不贵重？……诸如此类的核算后得到的联产品成本数据，又如何有理有据地支持管理决策？显而易见，财务会计陷入了“为算成本而盲目算成本”的怪圈。

其实，这个生产过程本来就是各种联产品相互捆绑，“一损俱损，一荣俱荣”的过程，就是发现里脊肉很畅销，也别指望杀一头猪能切出更多的里脊肉。也就是说，只有考察整个生产过程全部现金收入与全部现金支出的关系，例如研究整头猪该不该杀，全部收入能不能大于全部成本，才是靠谱的，有分析意义的。

这样，如果眼光放长远些，把生产过程看成是没有中断的一个整体，那么，联合成本和分离点后产品上所发生的各种成本，其地位就是完全相同的，都是为了该生产过程取得现金收入而发生的现金支出。只不过，这个联合生产过程具有特殊性，往往在分离点之后才可能销售产品，那时才能有现金收入，但表面上已经不算是它的收入了，不妨把它看成是没有“现金收入”却有“现金支出”的一种特殊“联产品”，与其他分离点后的产品并列看待。那么比较“全部现金收入”和“全部现金支出”的大小，就可以有明确结论了。“这头猪该不该杀，杀了能赚多少钱”，总体比较后就明白了，当然要比纠结于某种肉品的成本是否准确重要得多。

以上所举的例子可以启发我们的思路，有时不必太拘泥于传统的成本核算理论，不必强求具体产品的成本收入分析有多精确，从全部现金收入和全部现金支出的角度去观察，也许能看得更清晰，解决疑难问题。

9.16 资源约束条件下造血量最大化

制造业的生产线往往可以生产加工多种产品，那么生产线一旦建设完成，投入运营后，总有某些资源是有限的，或者是总产能有限，或者是某种特定的加工生产能力有限，或者是某种原材料的可用数量有限，等等。那么在这“有限的资源”约束下，不同的产品组合方案会产生不同的总造血量，从中选取总造血量最大的产品组合，实际上是“资源约束条件下造血量最大化”问题。

在某种资源受限的条件下，若有可能就要事先计算，哪种产品利用该有限资源所能提供的造血量最高，在销路没问题的前提下应该优先生产该产品。假设造血项目的 A 机台工时有限，表 9－4 是“A 机台工时造血量”的计算实例，分别假设该机台当月全部用于生产某种产品会产生多少造血量，并按从大到小排序。

表 9－4　　A 机台每工时造血量

产品	月现金收入 (1)	月直接成本 (2)	月造血量 (3) = (1) - (2)	A 机台工时量 (4)	每工时造血量 (5) = (3)/(4)

不过，“资源约束条件下造血量最大化”原则，有时因产品构成错综复杂，也并不那么简明，需要具体情况具体分析。

卷烟工业一个难解的成本核算实例。具体做法是把烟叶中段最厚实的部位切出来，专门用于生产某种精品烟，烟叶的其余部位则用于生产一般牌号的其他卷烟。

用最好的烟叶部位生产出的精品烟，也许是某些有效物质的含量高，也许是“梗少又厚实”的烟丝外观精致，又也许是其他原因，应该特别能愉悦消费者，所以可以卖出较高的售价。根据传统的成本核算理念，这种精品烟应当承担较高的烟叶成本，而不应当按重量来与其他产品平均分摊。但疑问是，这较高的烟叶成本分摊权重，应该如何确定出来?

这在传统财务会计角度看来又是无解的问题。所以，我们假设有两种下料方案。一种是如上述的特供方案，特别部位的原料用于特别的牌号，当然该精品烟也大大提高其售价。另一种是所有牌号用料一视同仁，售价也都平平。那么问题可以转化为：在同样多的烟叶可以生产出同样多的卷烟，工艺成本也一样情况下，究竟哪种下料方案的产品组合，才能取得更多的现金收入？这才是最重要的问题，至于具体的牌号成本是否能核算准确，倒在其次，也大可不必苛求。

可见，不应该盲目地“为了算成本而算成本”，即使费了老大劲算出来，也未必有用。不变的评价标准是，哪种方案所能提供的造血量更多。往往需要将总的现金收入与现金支出一并考虑，才能达到造血量最高的理想效果。

9.17 广义现金流的流速探讨

在制造业“现金出/物料进”和“商品出/现金进”的两个对外交换点之间，存在着物料在公司内部的运动变化。根据中式簿记“现金收付”的思想方式，是用现金出现了“虚收虚付”来解释和理解的。例如，成本为1000元的原材料投入生产，相当于把原材料卖了1000元，又以这1000元支付在生产成本上，结果原料减少了，生产成本增加了；产成品交库也类似，相当于把在制品卖了，用同样的钱支付在库存商品上，结果生产成本减少了，库存商品增加了……根据这个思维，不论实物怎么变化，这中间都有“广义的现金流”在运动着。常说“货如轮转”，提高广义现金流的流速，是提高现金利用效率的有效途径。设有某种物料，令：

物料年周转次数 = 物料账户年减少额/物料账户年平均余额

则有：

物料周转天数 = 365 天/物料年周转次数

这就转化为广义现金流的流速问题。当某个足够长的期间账户流出量为零时，提示该物料是积压物资，应及时处理；对周转天数超长的物料品种，也强烈提示必须设法压缩库存量。

实际情况当然复杂得多，属于制造业存货的物料至少有大几百种、几千种，甚至上万种，周转速度当然也快慢不一，以至于不知道要先从哪一种物料下手来改进效率。改进后也仍然不知道是否已经达到了最优周转速度，又是否对整体优化起到了作用？

假设有多步骤的生产过程，过程中的每个变换环节都是为某一最终产成品制备的，用节点代表某一物料账户，并将它们按照生产中的上下游关系排列在一起，根据“从左到右”的表达方式，处于最左边的物料是上游的原材料，处于最右边的物料是下游的最终产成品，从左到右的整个流程均可视为“广义现金流动”。

在“以销定产”的情况下，处于变换路径上的物料，其“流出量”都是由其下游的需求来拉动的，所以一直追溯到最下游的物料，就是可供销售的“库存商品”。也就是说，尽可能扩大最终产成品的市场需求，才是拉动整条路径加快周转的原生动力。整个变换路径的最佳周转天数，就是其最终节点的周转天数。当上游每个节点的周转天数与最佳周转天数一致时，理论上生产过程就能顺畅地进行，达到“同频共振”的理想状态。反之，某个节点的周转天数偏长，在该节点就会因缺料导致全线停产；周转天数偏短，在该节点上就会形成积压。

再考虑更复杂的情况，当有些变换节点的物料可供多个下游节点共用时，就成为错综复杂的“制造业物料变换路径图”，如图 9－1 所示。前已述及，制造业造血项目可能有多个子项目，所以也可能表现为多个最终的节点。

分别算出每个最终产成品的周转天数；从某个最终产成品向左查找其上游节点，在每个上游节点标注该路径的最佳周转天数；当某个节点的物料可供多条变换路径使用时，它会被标注了 2 个或 2 个以上的最佳周转天数，此时取其中最小者。

这样，就为每个节点找到了达到理想的目标，因为只有“增加流出量”和“降低平均余额”两个努力方向可以缩短周转天数，流出量受制于生产计划，其中，要压缩生产阶段中在制品的周转天数，可能涉及“自制还是外购”的决策，可能需要强化生产计划管理，也可能需要在工艺技术方面有所改进，这些都是可以直接见效的措施。至于降低物料“平均余额”这个努力方向，在有一定保险储备量前提下，难度并不大，也是完全可行的措施。

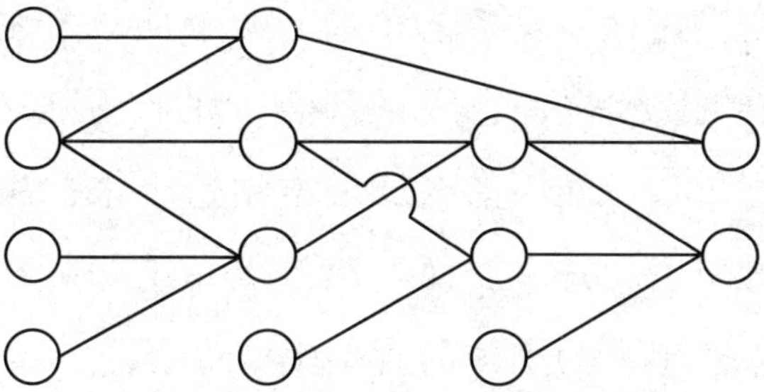

图 9－1　制造业物料变换路径图

9.18　调控措施的两种类型

根据日本产业界资深人士田中一成先生的说法，制造业企业内部有两大系统在同时运作，即管理“变换过程”的系统和管理“变换对象”的系统。前者具有工艺技术上的个性，后者则具有管理上的共性①。

1. 管理“变换过程”的系统，调控措施也偏向工艺技术的个性

任何制造过程都是实物形态发生变化的过程，但不同行业之间，如空调厂家和冰箱厂家，其制造工艺是各不相同的；即使在相同的行业内，制造工艺技术路线也常有先进与落后之

① ［日］田中一成．生产管理［M］．焦必方，译．北京：文汇出版社，2002：3.

别。因此，变换过程涉及工艺技术上的个性，关注重点在于变换效率（或转化效率），它关系到企业的产品能不能卖出去，能不能卖出好价钱，能不能以低成本制造出来，从根本上决定企业的核心竞争力，这个变换过程是以总工程师、总工艺师等为主导，以生产工人为主体的直接生产过程。

在现金流诊断发现相关问题后。往往需要动用工艺方面或技术方面的知识，才能达到调控目的。试举几个例子。

（1）化工厂需要达到特定的反应环境组合（温度、压力、酸碱度等均最佳），才能使化工产品的产出率最高。

（2）需要调整现有配方，才能提高产品的质量。

（3）同样是造血项目的子项目，假设某种产品产出后质量等级是不同的，而市场上"优质高价"的原则，意味着要生产出更多的优质品，这就需要在工艺技术方面下功夫了。

……

举个简单的"调整配方"案例。假设经过现金流诊断，确认为了提高质量，某产品需要调整配方，在其中新添加某一种元素。并已知该元素的有效添加范围在1克到1000克之间。一般的做法，可以每次加1克，观察效果后，如果不够，再加上1克……这样顺序地进行，直到满意为止，这样做就是试验效率可能有点低。

为了减少试验次数，也可以用"折半法"来试验，第一次直接加上作为中间值的500克。如果发现添加量过多，调整为250克；如果发现添加量过少，则调整为750克……，这样不断缩小范围，直至满意为止。

还有一种是0.618法，第一次加618克（1000克×0.618）。如果发现过多，调整为382克（618克×0.618）；如果发现过少，则调整为854克［(1000－618)×0.618＋618］……直至满意为止。

“折半法”和“0.618法”都能有效地减少试验次数，但都只适用于单因素变化的试验。如果某种新配方需要多因素多用量的同时调整，又可以借助于“正交试验表”的帮助来组织试验，用尽可能少的试验次数达到优化的效果。

可见，在现金流诊断锁定问题之后，是需要相关职能部门来施加改进的，如技术部、质检部、工艺部等是较为适合的任务承担者，造血量责任中心已将这些部门包含在内，使其具有改进动力。会计人员一般难以深度介入工艺技术性的调控措施，能积极跟进就可以了。

2. 管理“变换对象”的系统，调控措施也偏向行政管理的共性

在变换过程中，“变换对象”不断地改变其实物形态，但大体上可划分为原材料（加工前）、在制品（加工中）和产成品（已完成加工）三个大类。管理“变换对象”的系统传统上属于管理信息系统范畴，重点是同时关注两个方向的运动，即对实物资产流动的跟踪以及对现金流动的跟踪，最终要反映生产经营的财务成果，也就可以相对脱离其具体的实物形态和行业工艺特点。对于这一类，具备行政管理方面的知识就有可能达到调控目的，会计人员比较容易上手的是采用此类手段，上一讲已经从这个角度专门论述，重新梳理制造业的成本收入等的关系。这里先试举几个例子。

（1）发现某原材料库存过高，建议推迟下一批进货时间，就简单地压缩了库存。

（2）发现运营的周转速度太低，借鉴“企业流程管理”的某些措施，就缩短了周期。

（3）造血项目的总产能有限，而利用每单位产能所提供的造血量，在不同子项目上是不同的。如机器加工的总工时有限，而每工时所能产生的造血量，不同产品可能不同。基本原则是建议优先加工“造血量/工时”最高的产品（当然前提是它能卖得出去）。

……

不只是制造业，在非制造业的企业中，同样也存在类似的“工艺技术个性”和“行政管理共性”的两种划分。会计人员除了自己熟悉的“行政管理共性”的调控措施之外，尽可能参与或涉猎本行业的工艺技术，也可望发挥更大的作用，这是“跨界打劫”的一个努力方向。

9.19 制备“调控措施工具箱”

经过现金流诊断，得到初步结论后，最好还要有个常备的

“调控措施工具箱”，让人们可以知道，对于特定的问题，有什么手段可用，如何应用这些手段达到目的。这就需要事先做些研究开发工作。这些常见的问题诸如：怎样提升销售量；怎样提高产量；怎样降低产品成本；怎样控制管理费用；怎样稳定产品质量；

……

根据经验，每一个问题都可以提炼出多种行之有效的方法，可供人们选用。不同于常见的完整案例，我们想得到的思路是，在企业管理史上不断地涌现出各种变革思潮，也开发出许多管理方法，举其要者如：工业工程；价值工程；全面质量管理；适时生产制；企业流程再造；目标成本法；产品寿命周期；

……

但往往是从其发生发展的历史过程开始介绍，并且难免有相互重复的内容。例如“价值工程”中的“能不能取消这个功能”“能不能与其他功能合并”，与“企业流程再造”中的“能不能取消这个流程”“能不能和其他流程合并”是完全相同的思想方法。因此，有必要围绕自身所处的行业，事先对相关的调控工具有所掌握。

这就需要梳理企业管理史上先后产生的各种思潮和技术方法，经过专门研究，将它们拆分为纯粹的调控工具，例如，全面质量管理中的“新七种工具”就可以直接细分出来，这就要求有个“提炼调控工具”的过程。整理出来的调控工具，有的相当简明，放进“工具箱”里备查即可，有的就需要专门开发，作为配套的课程，扩展人们的知识结构。无论何种情况，只要事先掌握了、熟悉了相关的各种工具，那么在适当的场合就可以灵活应用了。

而一旦形成了有高度的体系之后，那些林林总总的思考、技术和方法等，不外是为增收节支服务的，根据它们如何为赚钱指标服务，甚至是有助于提升哪个指标，都已经自动地各得其所了，这就有望使原来无序的一堆技术方法自动找准定位，形成主从有序的框架。

第 10 章　新事业的推进与前景

10.1　AI 会计项目的“大规模定制”

我们说 AI 会计项目具备“减员增效”优势，上文已经分析“增效”的优势了，本节分析因“减员”而自带的市场竞争力光环。

假设一家用户公司现有 10 人专事“记账算账”，公司“支付给职工以及为职工支付的现金”平均每人每月为 1 万元，在“AI 化”之后最多只需要留下 2 人，那么公司每年可以少支付 96 万元（12 万元 ×8），加上节省的办公工位费和电脑等费用，则总节约额每年在百万元以上。项目实施第一年的节约额，用来支付定制开发和运行费用就绰绰有余了，以后每年只要极低的运行费用，这是财务会计方面的优势。

至于广义现金流管理会计，“只要能帮我更赚钱，投资当然是值得的”，只有公司上下认同“赚钱为王”理念，相信广义现金流管理会计能帮助公司赚钱，会计人员才能有新的活路，并且活得更有地位、更有尊严。因此，提请读者对这个新事物严苛地评价，特别是其“可行性”，并在认同后广泛参与。

在技术上，我们设计了“大规模定制”的开发模式。所谓“大规模定制”，首先强调的是“定制”。就是要以满足用户的个性化需求为首要目标，让用户觉得这是为自己“量体裁衣”做出来的。在以“定制”形式让用户满意的前提下，AIAcc 供应商还要力争以较短的周期、较大的生产规模而实现出来，也让自己活得宽裕些。

在这样的模式下，大致由四种角色先后有序地参与，最终实现“量体裁衣”式的结果，充分满足企业的个性化数据需求。这四种角色分别是：

1. 主办会计

即用户公司中掌管核算事务的会计人员。由于凭证报表都是由 AI 会计完成的，已经不需要传统的会计核算岗位了，但还是需要有主办会计，他要在“碳基会计岛软件平台”上工作，提出财务数据分类与变换的需求，判断机器的核算结果是否正确，对记账素材作数据治理，并利用 AI 会计的核算结果来完成报税等工作。但是不必再亲自下场，辛苦地“记账算账出报表”了。

2. 项目总监

设想制衣厂派出设计师在现场与顾客沟通，充分了解顾客的想法，并向制衣厂传送尺寸、款式、面料等“量体”的相关参数，制衣厂在后台根据参数“裁衣”，然后设计师又现场让顾客试穿，不断调整，直到满意为止。与这种模式相类似，经过培训并预作本土化布局的“项目总监”，要起到在供需双方之间沟通信息的作用，并提出项目需求方案，直到投入正常运行。首先要与主办会计（用户）充分沟通，了解生产经营特点，体认其个性化需求。其次配合主办会计，以规范的表达方式表达项目需求方案，并传送相关内容，让远离现场的“项目技术开发”也能正确地完成个性化开发工作。最后技术开发完成后，项目总监还要用1年的数据，主导“机器实习”期间的初始化工作，直至投入正常运行。

3. 项目技术开发

根据接到的项目需求方案，“项目技术开发”在后台完成开发，不走样地实现出来。并在项目运行后，随时提供必要的技术维护与技术支持。除了计算机背景的人员外，这里也需要会计背景的人员，任务是面向具体业务，设计数据“输入—处理—输出”流程（input - process - output，IPO），并在计算机高手完成开发后进行测试验收。

4. 现金流诊断

这一职位只与广义现金流管理会计有关，利用“赚钱为王指标体系”的数据，根据现金流诊断的结论，进一步采取调控措施，所谓“辨症施治”。这里是会计人员知识结构“转型升级”后全新的就业岗位。

这里我们可以看到，在“大规模定制”的生产方式下，主办会计、项目总监、项目技术开发（IPO 设计部分）和现金流诊断四种工作都需要会计知识背景，有必要通过相应的课程来帮他们的知识结构“转型升级”，才有可能“换一种活法”，这就隐约展现了新的再就业前景。

根据“AIAcc 垂直模型全景图”的工作内容和上述分析可知，需要开发三大系统平台软件，即“碳基会计岛软件平台”“项目总监工作平台”和“硅基会计岛软件平台”。

“碳基会计岛软件平台”服务于会计人员的操作，每一款“定制项目”的后面，都是会计人员充分表达需求的、独一无二的数据模型。

“项目总监工作平台”服务于项目总监的工作，为提出项目方案起到承上启下的作用。

“硅基会计岛软件平台”服务于项目技术开发的工作。“碳基岛”产生的项目数据既然是千变万化的，“硅基会计岛软件平台”的开发目标也要尽可能做到“由项目数据驱动”，通过“信息表”“财务数据分类”和“财务数据变换”等组成的项目数据包，直接驱动机器从事个性化的 AIAcc 核算工作，以不变应万变，从而可能实行“AIAcc 项目的大规模定制”。

10.2　关于吸纳“存量会计人口”的前景

ERP 中处理前台业务的模块本来就是“铁路警察，各管一段”，相互关联不多，有的模块堪称精致，其继续运行还可以成为 AI 会计的“记账素材”的来源。但 ERP 中的后台模块如“总账”“成本核算”之类，实在就是个笑话，与具备“减员增效”优势的 AI 化财务会计对比，毫无竞争力，早该抛弃了。

所以，关于如何吸纳“存量会计人口”，可能预见到的变革前景，或实施进程大致是：

“AI 化财务会计”推行后，前期释放出来的会计人员以主办会计、项目总监、项目技术开发的新身份转而投向新事业，进而又释放出更多的会计人员，又以新身份投身于新事业。

更值得重视的是广义现金流管理会计的推出。大约在 1925 年，西方会计界产生了“应计制”思维，开始用“净利润”来山寨“赚钱”指标，从此避而不谈最重要的问题“公司究竟赚了多少钱”。广义现金流管理会计提供“赚钱为王指标体系”，自然颇有新意。一旦人们参与到它所提供的“造血量责任中心的预决算管理”“现金流诊断/调控措施”等新工作中，不断的“开疆拓土”将展现出乐观的新前景，其发展方向和规模都是难以预测的。

当越来越多的会计背景专业人士，通过知识转型升级，以新的工作身份参与到 AI 会计定制项目上来，自然彰显出“大规模”的态势。这样不断加速，使劲“造”的结果，假设全面刷新会计的软件市场需要 10 年的周期。在这期间内只要严格控制会计新人进入的数量，随着“存量会计人口”相继退休，可望较为平稳地完成过渡，经过“瘦身”，会计从业人员规模也将稳定下来，成为“不在于量而在于质”的新行业。

除此之外，接受了相关培训的会计人员还可以向其他有前景的行业转移，如商业银行信贷分析和投资分析等，分述于下。

10.3 商业银行信贷分析

商业银行向债务人客户交付本金，以得到事先约定的利息收入，从中赚取存贷差，是银行的主要业务之一。我们从商业银行资产负债表上的项目“发放贷款和垫款”说起，这是银行的大宗资产，却已经交在别人手中任由处置了。从管理会计的角度，这虽然在账面上还是银行的资产，实际上已经不可控了，风险也就由此产生。

最值得关注的两个问题是：

1. 在“发放贷款和垫款”中，有多少本金是最终无法收回的？

2. 如何设法减少甚至根除不良贷款？

对于第 1 个问题，严格地说，只有等到商业银行彻底清算后，才有“终极答案”，而那是谁都不愿意看到的。所以只能退而求其次，在经营过程中尽可能地分时段估算。

实务中的做法大体是，基层部门对很可能已经收不回来的不良资产作了各种粉饰性的安排（如允许客户借新债还旧债），力图推迟信贷违约的实际爆发时点，捂住亏空。在这样的基础上，根据数理统计原理，设计各类数学模型来预估不良贷款发生率，并计提“贷款损失准备”。在有确定证据（如债务人公司倒闭等）表明，已经发生了不良资产时，就可以从该准备金中核销，以填补此类已经捂不住的亏空。至于这种预估是否符合实际情况，因为得到的本来就不是“终极答案”，即使是再高深的数学模型，也只能说是“凑合着用吧”。更因为有些银行已经发展到“太大而不能倒”的规模，为社会稳定之大计，对这第 1 个问题是绝对不应该太较真的，只要大风险还没有爆发，“得过且过”是最适宜的应对方式。

因此，尽管我们可以知道，围绕商业银行贷款，早已成为诈骗高发区，这是一种风险很大的业态，却无法确切地知道，也最好不要知道实际风险有多大，什么时候会爆发。将过多的精力纠结于此，也显然是无益的，应该把注意力转到第 2 个问题，“如何减少甚至根除不良贷款”上来，在“定时炸弹”还没有爆炸之前，先悄悄地把“引信”给拆了。

要减少甚至根除商业银行的不良贷款，当然不能脱离债务人客户的实际情况。所谓“还本付息”，不过是要求客户能够

“真金白银”地如期足额支付而已。我们最需要的，也只是关于客户的现金流信息而已。可见，事情可能不像人们想象的那么复杂。

我们在以下三个假设的前提下，通过简例，从理论上来讨论债务人在什么情况下才能“还本付息”，或者说，根治不良贷款产生的必要条件是什么？

假设一：债务人公司股东没有能力扩股增资，也没有能力提供临时性的周转资金；

假设二：只有一家商业银行向该公司提供贷款；

假设三：考察期内客户的“造血量”小于等于0。即假设无论如何，债务人都能通过增量投资等手段，让这一指标小于等于0。

很简单的推论是：在这个由一家商业银行和一个债务人客户构成的系统中，利息会一直单向地从客户流向银行。同时，使“造血量”小于0的增量投资也在吞噬货币资金。其他条件不变时，从生产经营中释放出来的货币资金会越来越少，如此这般地过了若干时日之后，比利息金额大得多的“还本”必然无望，贷款逾期甚至成为坏账，商业银行被套住了！

它该如何解套呢？

“假设一”说的公司股东没钱，不是商业银行可以插手改变的。

“假设二”乍一看是有待商榷的，因为当然可以同时存在多家银行和多家客户。但只要设想所有银行都合并，构成了简例中的那家商业银行，所有的债务人客户也都是没有“造血功能”的，“造血量”都小于等于0，其后果就与前述相同，不同的只是债权经过“击鼓传花”之后，不良贷款最终会烂在哪家“银行分号”手里而已。更何况我们研究的，首先正是整个银行业所存在的宏观问题。各商业银行在如何审核贷款上未能形成共识，只求把“烫手山芋”甩给兄弟，自己好先解套，最终却是谁也跑不掉，还是要分摊全行业不良贷款的苦果。而且，没有造血能力的债务人在多家银行之间不断地借新债还旧债，“挖东墙补西墙”式地玩虚的，反而掩盖了其“现金黑洞”的真相，得以苟延残喘，对社会是不利的。这说明从宏观上看，假设二也是不可改变的。

看来，只有修改“假设三”，才是商业银行的解套大法，所以结论很清楚：必须要求债务人客户有正的“造血量”！只有这个必要条件，才能从宏观层面消除不良贷款产生的源头。换句话说，银行向客户“输血”后，要想和谐地全身而退，而不是以“抵债资产”之类两败俱伤的方式退出，有待于债务人客户自身造出“新血”来。建议商业银行慎重考虑，将“造血量”作为贷款审核的核心指标。谁先这样做了，不良贷款率有望率先降低；所有商业银行都这样做了，会促使债务人公司正确地权衡投资与赚钱的关系，不再一味地盲目投资，从宏观角度看，银行界也自然有望消除不良贷款这一传统难题。

财务会计被“应计制”搅得日益远离现金流理念，会计信息基本上是无助于商业银行的，笔者印象中，只有“速动比率”和“流动比率”算得上是与偿债能力有点擦边，却居然号称“为投资者和债权人提供信息”。在造血量指标出现以后，就为商业银行信贷分析提供了评估利器，有必要重新提倡这样的常识：

银行贷款是需要用“真金白银”来还本付息的，当且仅当债务人有造血量时，其才具有还本付息的能力，否则不过是“挖东墙补西墙”而已。当然，有能力以后，还要有偿债意愿，商业银行提供的贷款才算真正安全。

目前还没有人注意到，具备这一常识和计算能力的会计人员实际上具备了在信贷分析工作的就业竞争力。

10.4 投资分析

面对目标公司，潜在的投资者当然要对其“未来”作出必要的预测，如整个行业的发展趋势如何，该公司在行业中的地位如何，该公司的核心竞争力何在，等等。除此之外，还有反映公司“过去”和“现在”的一系列会计问题，也是投资者必须重点了解的，例如：

目前是不是已经赚钱了？

如果处于赚钱状态，自己投资后能得到多高的投资回报率？

如果还处于亏钱状态，自己投资后，在经过后续管理扭转为赚钱状态之前，每年还需要追加投入多少资金来弥补缺口？如何筹措资金？

对赚到的钱是怎么处理的，是原封不动地立即发给股东真金白银，还是又投放到了其他增量投资上，结果手上还是没钱？

经过多年的经营后，目前是已经有了积累，还是早就把股本都亏完了？甚至连银行贷款也亏光了？

……

现金流诊断在透视公司真相方面具有相当大的实用性，能对目标公司作出简明扼要的评价，提高我们“透视”的清晰度。可见，“赚钱为王”代表的是过去从未被挑明，却是深沉而持久的社会动向，也是跨界普及的原动力。有鉴于此，会计人员另一个分流出路是，凭借现金流诊断透视真相的能力，可以在投资界一展身手。

附录一　财务会计引入应计制的历史回顾

20 世纪上半叶，“西学东渐”的大环境中，国人忙于向西方“取经”，不料西方会计界正在孕育着一个后来叫作“应计制”的变革思潮。

当时的史料告诉我们，在此之前，海上贸易盛行，用现金买了船和货物后向彼岸进发，到了目的地，把货卖掉，回程前又买进新货。这样完成一个来回后，连货物带船一起卖掉，从最后所得的现金减去出发前所用的现金，就可以知道此行“真金白银”地赚到了多少钱，这大约就是传说中的“现金收付实现制”了。

这样的算法，固然毋庸置疑，但要在正常生产经营周期（例如航程）完成时再来算账，且要求往来款项均已结清，对于连续进行的生产经营来说可能并不适用。如果能改成按日历周期来定期结算和报告，应当会更为理想。“应计制”就代表了这样的一种思考过程：如果能认定“收入”是某一时期赚到的，“费用”也是该时期应承担的，从“收入”中减去“费用”，差额就是该时期的“会计收益”，或者称为“净利润”。

这样就可以回避正常营业周期，定期地报告损益了。

只是，会计前辈们当时或许没有意识到，从世人所共知的“赚了多少钱”，变为应计制下的“有多少净利润”，实际上是犯了“偷换概念”的逻辑错误，这一来就把真的变成假的了。原来的“赚多少钱”是真金白银的，这钱用在哪里了也很直观。而所谓“净利润”纯属会计上的“人造概念”，在现实世界中没有对应物，甚至不能定义，只能说是“收入”减去“费用”后的差额，由此会计上也产生了“虚账户”的做法，收入类和费用类账户都是“虚账户”，在会计期末要结转到“本年利润”，不留余额。

至于什么是“收入”，什么是“费用”，是可以随需要不断地变化的。人们常说“利润造假”，其实并不准确，世界上并不存在“真实的利润”，因为利润本身就是假的，应当说“会计造假”，会计以利润为幌子，随心所欲地造假。

由于应计制的引入，财务会计的整体思维逻辑相当混乱，有时候明明没有钱，硬要说成有钱；反过来，有时候明明有钱，硬要说成没钱，已经达到不可理喻的程度。

“明明没有钱，硬要说成有钱”的例子是赊账销售。库存商品发出去了，但还没有收到现金，会计上应该怎么处理？

本来，销售是经过了“发货/收款”的全过程才算完成的，还没收款时，只要增记“发出商品”，同时减记“库存商品”，描述货物已经发出的状态，等以后收到钱了再作记录就行了。但是，根据 1940 年美国会计学会（AAA）《公司会计准则导论》的“销售基础”，还没收钱时已经应当确认为有“收入”了。

为了这个蛮不讲理的判断，会计恒等式的右边既然增记了“收入”，左边就该增记“应收款项”了，但应收款项看不见摸不着，该属于哪一类？《公司会计准则导论》也为应收款项可以作为“资产”网开一面，用到了“准现金”的说法，照录于下：

而且，收入应该由可靠的新资产——尤其是现金或准现金——来作为支持证据。

（Revenue, moreover, should be evidenced and supported by new and dependable assets, preferably cash or near－cash.）

这种把应收款项视为“准现金”，全额作为“可靠的新资产”的做法是大可质疑的。如果真能很快收到，当然可以算“准现金”，关键是这钱还在别人手中，不是我们所能控制的，如果过后成了收不回的坏账，还要为此白交税款，这“准现金”就比“烂尾楼”充当“准现房”更加不靠谱。作为交出货物以后“应回收现金”的法律权利，对应收账款完整的理解应该是“应收而尚未收到，甚至未必收得到的金额”。与应收账款属于同一类型的还有应收票据、应收利息、应收股利等，也都不应是资产。

会计是要通过复式簿记来对业务作双重登记的，为了实现这个由真变假的“偷换概念”过程，就需要提出一些名词概念，这些概念的外延和内涵必然要有意无意地含混其词，才有可能成功，“不以忽悠，无以成应计制”。就以这个例子来看，财务会计的神奇之处在于，人们分别看“准现金”和“未遂收入”，都似是而非，“神叨叨”的，会感觉有些不靠谱，但看到在专业人士的操作下，经过“严谨”的复式簿记，两个“不靠谱”一正一负地合作忽悠，心里觉得“靠谱”多了。

更神奇的是会计准则在其中扮演的角色，它一边庄严地宣称“收入应该由可靠的新资产支持”，一边猥琐地为造假行为支招“‘准现金’也算是可靠的新资产”！

在当年，人们的思想有如“山楂树之恋”般清纯，也许只是会计前辈们在思想逻辑上一时“短路”，未必就是蓄意造假。但斗转星移地到了“人心不古”的今天，造假已经是自觉的行为，当年所倡导的“无须收到现金就算有收入，从而有利润”处理方式，已经成为现代财务会计造假的经典手段之一，只要设法无限期推迟现金交付。例如，找一家当“托儿”的公司，虚构两家公司的交易，每一次均增记应收账款，同时增记业务收入，就可以要多少利润便有多少。在这里，“托儿”公司起到了“作伪证”的作用，在会计师事务所查证时打掩护，证明确有此交易，实际上却是“千年不赖账，万年不还钱”的。大公司集团更好办，一票货物可以接力似的不断加价卖给自己人，大家都在账面上“共同致富”了，却发现那货物还原地纹丝不动。

“明明有钱，硬要说成没钱”的例子，可以举固定资产作为例子。固定资产和存货不一样，它能跨越很多会计周期不断发挥作用。

本来，只要购置时记录原始购置金额，就可以等到它退出使用并处置时，把收到的钱和原值对比，确定是否赔钱就行了。至于它什么时候才会终结有效寿命周期，大可不必操心，拭目以待就行了。

但在财务会计看来，固定资产在使用过程中是会“磨损”的，在本期中磨损掉的部分价值，应该作为“费用”由本期承担。其实固定资产可不管你怎么想，还在好好地整体发挥着作用，“杞人忧天”的会计只好两头忙活：减记“累计折旧”，它代表固定资产原值中已经磨损掉的那部分价值，是“资产”的抵扣项；同时增记“折旧费用”，它代表应由本期承担的部分，是“费用”的一种。这真是无中生有，自找苦吃，我们举一个最简单的实例来看其荒唐之处。

假设某人昨天用400元买了一口铁锅和一个炉子，准备卖茶叶蛋为生。今天做了100个茶叶蛋的生意，购进价1.00元，卖出价2.00元，请问今天赚了多少钱？

按照人类的正常思维，是很简单的：收入现金200元，支出现金100元，收支相抵后，今天赚了100元。

按照财务会计的算法，铁锅和炉子是会“折旧”的，估计可以用100天，所以今天磨损掉价值的1%，要扣除4元，那么今天的“净利润”只有96元。这不但扭曲了现金流事实，让人一头雾水，也于事无补，纯属“吃力不讨好”的做法。我们分两种情况来分别考察：

（1）如果每天都是收大于支，在本例中是 100 元，过了 4 天就把原来的“固定资产”投资 400 元都收回了，在已经回本的情况下，为算出“净利润”却还继续每天扣除 4 元，岂不无聊透顶？

（2）如果每天都是现金收入小于现金支出，每况愈下，或者每天都是现金收支平衡，在账上再算多少“折旧”都是无用功，因为永远等不到“固定资产”投资回收的那一天！

计提折旧还需要有个前提条件，即能够准确预估固定资产的有效寿命期（在本例中是神机妙算地知道“铁锅和炉子”正好在用了 100 天后就坏了），以便在各期分摊其历史成本，从技术上说，这又是永远也做不到的。以房屋为例，福建土楼寿命可达几百年；豆腐渣工程则未及使用便轰然倒塌。以机械设备为例，某些设备是可达“永久寿命”的，即只要更换轴承、刀具等易磨损部件，便可一直使用。直到 20 世纪 80 年代，据说厦门某船厂还有清代的德国机床在削铁如泥。以电子产品为例，由于技术进步，继续使用原有设施可能相对效率低下，尽管仍可使用，因缺乏竞争力也必须强制退役。

与固定资产折旧性质类似的，还有无形资产的摊销、存货等资产的减值损失等，都是还没有变卖处理，不知道最后能卖得多少钱，就急于当成“费用”处理了。

就是这些似是而非的混乱思维，把会计人员逼成了和正常人没有共同语言的“外星人”。有个真实的故事，在公司董事会上，面对股东们“公司去年总共赚了多少钱，这些钱都用到哪里去了，为什么发不出现金股利”之类常识性的提问，财务总监（CFO）却是答非所问，只会拿净利润来搪塞，还动不动用会计准则为自己辩解，董事长觉得实在不可理喻，打量了半天，小心翼翼地问：“你是 CFO 还是 UFO?”

会计实务、会计准则和会计理论是配套发展的。会计理论也是令人迷惑，有位叫埃尔登 S. 亨德里克森的会计学家对“收入”和“费用”的描述就很逗，本来还不太觉得晕，看了他的文字之后反而更晕，堪称应计制理论的经典样板；

“收入（revenue）的概念是很难予以明确解释的，因为它一般都与特定的会计程序、一定类型的价值变动以及确定收入应于何时陈报的规则（明文的或暗含的）有关。收入的计量和陈报时机是会计理论中令人最感兴趣的一个问题，但应当对它们采取虚心的态度来研究，而不应把它们局限于狭隘的收入定义。”

“像收入这个词一样，费用（expenses）这个词也是一个流转概念，表示企业资产的不利变动。但并非所有的不利变动都是费用。更确切地解释，费用是获取收入过程中所使用或所耗用的货品或劳务。”①

① 埃尔登 S. 亨德里克森．会计理论［M］．王澹如等编译．北京：立信会计出版社，1989：131.

虽然说得不清不楚，但给人印象“会计的确很有学问”。也许是“忽悠”的功力深厚，这位大侠的名著《会计理论》1965年在美国出版，到20世纪80年代出版中译本时，已经修订重印了几十次。

目前已经达到的忽悠最高境界是“公允价值变动”，美国财务会计准则委员会在雄文连发地不断洗脑后，最终隆重推出，可惜用力过猛，很快被2008年金融危机打脸了，会计界落了个当“替罪羊”的下场。

会计学子都是抱着虔诚的心态来学习会计准则的，哪能知道这是“警匪一家”的结构。以前笔者也深信不疑“此中有深意”，以为是大学问，但越学越苦恼，以至于怀疑自己的智商。直到有一天恍然大悟：“我都看不懂了，会计界还有多少人看得懂!”还记得2011年在中国会计博物馆的开馆仪式上，笔者应邀去作主题演讲，首次公开承认自己看不懂会计准则，从此就放下了：你要认真你就输了。

由于净利润只能靠“收入减费用”来定义，应计制产生的标志是收入费用“虚账户”的提出。据笔者所见的史料，1906年出版的《朗曼高级簿记》（“Longmans’ Advanced Bookkeeping”）中，还未使用“收入”和“费用”账户，而是直接在存货账户中核算毛利，当时的存货账户如下表“20世纪初的存货账户”所示（P. &L. 即 profit & loss）。

20世纪初的存货账户

期初存货（成本）	5	本期销货（销售价）	12
本期购货（成本）	10	期末存货（成本）	5
To P. &L..	2	/	
	17		17
期末存货（成本）	5		

据此可以推断，应计制产生的时间上限是不早于1906年，大致完善的时间下限是1940年，当年美国会计学会（AAA）发表的《公司会计准则导论》标志着其理论总结基本完成（虽然当时还称“销售基础”，而不叫“应计基础”）。其中最大可能的时间点，是在1925年前后，当时财务会计正式占据主流地位。根据美国会计学家卡普兰的判断，可能是以当时的经济和技术条件，要同时维持两套核算体系有困难，只能有所侧重。所以正在轰轰烈烈发展的管理会计忽然停滞下来了，管理会计从此自己不设账核算，只对财务会计数据作各种调节，一直过着没有独立地位的日子，很是尴尬。屈指算来，应计制恰好已有百年历史了。

应计制本来就有许多站不住脚之处，之所以历来少见公开批评指责，是因为它吸附在财务会计之上，而财务会计又是会计人舍不得打破的“饭碗”，所谓“投鼠忌器”是也。作为历史的“接盘侠”，当代会计人不得不面对这个令人尴尬的现实，这是“饭碗”和“良知”的矛盾，让人们进退两难，动弹不得。

附录二　广义现金流管理会计是百年轮回后的“王者归来”

对于与财务会计同源分流的广义现金流管理会计，读者也许会认为，这是本书作者为了解决会计人员的就业问题而拼凑出来的。其实不然，这是会计发展大趋势的必然产物。我们围绕会计恒等式，分别财务会计和广义现金流管理会计加以分析。

仔细考察，凡是涉及应计制的会计处理，都要满足两个条件：

一是要有“似是而非”的原因来洗脑，让人们觉得有必要作某种会计处理。如“应收账款是准现金”，“计提折旧是因为固定资产会磨损”，“资产在市场上的公允价值已经变化”，诸如此类的说法，往往是异于人类常识的“别样理解”，让人一不小心就跟着点头了。

二是从会计恒等式“资产 = 负债 + 业主权益”上看，除了赊销业务因增值税加进来而略有差异外，所有应计制记账凭证通过虚账户“收入”与“费用”的过渡，最终都可以统一归结为一种形式，即“非货币资产”中的某些虚构项和业主权益中的“未分配利润”两者在会计恒等式两端的“同增同减”，例如：

赊销业务是括号里的项目同增：

应收账款 （非货币资产，准现金）

应交税费

主营业务收入 （未分配利润）

计提折旧是括号里的项目同减：

管理费用——折旧费 （未分配利润）

累计折旧 （非货币资产，固定资产的备抵项）

公允价值变动是括号里的项目同增：

交易性房地产——公允价值变动

（非货币资产，交易性房地产的备抵附加项）

公允价值变动收益 （未分配利润）

……

此外还可以举出许多，不妨将此命名为“应计制识别规律”，读者不妨按这一规律逐一地验证一下。

总体来说，应计制的套路是，先由会计准则作“似是而非”的理论铺垫，然后才是在会计恒等式等号两端的“同增同减”。面对有钱有闲，一个“公允价值”都能发几十份文的美国财务会计准则委员会，其实没必要逐一地反驳，那是绝对的事倍功半，只要针对“同增同减”条件来反其道而行之，简单粗暴地将其中一方移项，那么两者就正负对抵，同归于尽，再怎么折腾也无效了。

点明了应计制的“软肋”之后，我们再简明地回放一下第7章中对广义现金流管理会计恒等式的推导过程，请读者特别注意，其中是不是作了移项操作？

传统会计恒等式表现为：

资产 = 负债 + 业主权益 （1）

我们尝试作如下的变换：

（1）将资产分为“货币资产”和“非货币资产”；

（2）将负债分为“筹资性负债”和“结算性负债”；

（3）将业主权益分为业主真金白银的投资“业主原始投资”，以及赚到的钱没有分配，还留在公司参与周转的部分，叫“未分配总赚钱”。

下式在任意时点上都能成立：

货币资产 + 非货币资产 = 筹资性负债 + 结算性负债 + 业主原始投资 + 未分配总赚钱 （2）

将“非货币资产”移项到等式右边，整理得：

货币资金 = 筹资性负债 + 原始业主投资 + （结算性负债 + 未分配总赚钱 − 非货币资产） （3）

若令：

赚钱反应堆 = 结算性负债 + 未分配总赚钱 − 非货币资产

则可得：

货币资金 = 业主原始投资 + 筹资性负债 + 赚钱反应堆 （4）

这个等式（4）所反映的，虽然是某一时点上的情况，但选定“期间”后，只要将后一时点上的指标数值分别减去前一时点上的对应指标数值，就可以得到该指标在期间的变化值了。即：

Δ货币资金 = Δ业主原始投资 + Δ筹资性负债
+ Δ赚钱反应堆

从而有前后两个时点之间的：

货币资金增量 = 本期股权输血量 + 本期债权输血量
+ 本期造血量

……（略去以下推导过程）

在百年来盘根错节的发展之后，应计制已成为吸附在财务会计之上的“肿瘤”，原来真金白银的“P. &L.”也已经变质，演变成纯属人造的、只能靠“收入减费用”来定义的“净利润”了。所以，通过移项操作，彻底割除了应计制肿瘤后，“造血量”就是被“净利润”冒名顶替一百年之后的“本尊”再次现身，它就是1906年之前的那个真金白银的“P. &L.”，具有正统合法的地位，而绝不是凭空想象出来的！

持续了一百年的骗局当然不可能永远盘踞在历史舞台上，不过也要承认，单纯的理论分析还不足以将应计制从财务会计实务中驱离。由于会计准则与会计造假“警匪一家”的结构蒙骗性极大，也由于西方会计给人的“科学先进”错觉，应计制的这些做法都是符合当前会计准则的，会计准则又具有行业“准法律”的地位，既得利益的平衡格局已经形成。

变革的契机将在会计AI化之后出现。那就是同时推出广义现金流管理会计，采用“同源分流”运行的双轨制。回顾美国会计学家卡普兰的评论，与一百年前完全不同的是，以现在的经济和技术条件，特别是在人工智能会计的加持下，要同时维持两套核算体系已经毫无困难。这会带来什么变化呢？

会计人大抵都有点“小得意”，只因为自己能够随心所欲地做假账。有个在会计界流传的段子，一家公司招聘会计，面试的老板只问一个问题：“1+1等于几？”凡是回答“2”的都落选了。只有一位应聘者表现独特，在听了老板提问后，起身关上门，拉上窗帘，然后凑近老板身边，小声地问“您想让它等于多少？”毫无疑问，此君由于深得会计造假的“真谛”，以及出色的表演天才，接到了公司的聘书。

现在的古玩市场上，“鉴宝专家”到处都是，最重要的是看他的出身或传承。一般来说，皇族子弟、收藏世家子弟和古玩店老学徒是其中最靠谱的，他们从小到大玩的多是真东西，而不是在课堂上看图谱学会的，所以假古董一上手，很自然地觉得不对劲。这叫“不怕不识货，就怕货比货”，只要知道什么是真的，假的就骗不了人。

同源分流的双轨制运行后，广义现金流管理会计就是百年轮回后的“王者归来”。有了“赚钱为王指标体系”作对比，“净利润”山寨指标将无所遁形，逐渐遭到全社会的抛弃。从行业内部来说，会计人员既已转型到广义现金流管理会计新职业，或已离开职场成为无关人士，原有的饭碗反正已经打破，“看热闹不嫌事儿大”，局面就可能反转，应计制的所有缺陷都被揭开，被放大，成为批评指责的靶心，直至让人们“羞与为伍”。财务会计日渐式微，最终走上自生自灭的不归路，也是可以预见的了。历史上形成的百年谬误，也需要假以时日才能纠正过来。由于“双轨制”，广义现金流管理会计已经发挥作用了，财务会计还需要多久才能退出历史舞台，是无关紧要的。只不过，已知来日无多的事物，是不值得投入更多资源和努力的。

另外，我们实际上是在走了一百年歧路之后又回到1925年的那个时点，重启在那以后被停滞了的正常会计发展，为了使广义现金流管理会计真正走向成熟完善，当然也为了“自救”，会计人需要探讨的问题、需要做的事太多了。

当财务会计终于退出历史舞台时，双轨制就终结了，广义现金流管理会计也成熟了，进入“一柱擎天”的状态。这是笔者对AI时代会计发展大趋势的判断。